W0248388

Liebe macht Karriere

Wie du dir leicht und kraftvoll die Karriere aufbaust, die du dir immer gewünscht hast. Auch wenn du jetzt noch nicht weißt, wo deine Reise hingehen soll.

Heike Wolfangel

Inhaltsverzeichnis

Liebe Leserin, lieber Leser,

Wenn wir andere Menschen sehen, die erfolgreich Karriere machen, entsteht in uns oft eine Sehnsucht und der Wunsch, ebenfalls eines Tages auf diesem Podest zu stehen. Vielleicht möchtest auch du im Alter zufrieden auf einen erfolgreichen Berufsweg zurückblicken. Viele Menschen glauben jedoch, dass das anstrengend und nur für andere machbar ist. Dabei braucht es nur eine Zutat. Eine wirklich erfolgreiche Karriere lässt sich ganz leicht formen, sobald Liebe im Spiel ist.

Und Liebe ist ein anderes Wort für Gelassenheit.

Viel Freude beim Lesen

Heike Wolfangel

Über die Autorin

Heike Wolfangel ist eine erfolgreiche Unternehmerin, Autorin und Mentorin. Sie macht alles anders, als andere. Im Jahr 2022 wurde sie vom Bundesministerium für Wirtschaft zur Vorzeigeunternehmerin ausgezeichnet.

Was viele Menschen für Magie halten, ist in ihrer Welt eine absolute Selbstverständlichkeit. Heike ist überzeugt: Die eigene Karriere ist umso erfolgreicher, je mehr Liebe man in sie hineingibt.

Heike Wolfangel genießt das Leben in allen Facetten. Sie weiß, wie wahrer Reichtum und eine erfolgreiche Karriere tatsächlich entstehen.

Web: www.wolfangel-academy.de

E-Mail: heike@wolfangel-academy.de

Wie ich mich selbst boykottierte

Es waren nur noch 48 Stunden. Ich hatte einen Auftrag als Speakerin bei einer Vertriebstagung zum Thema „Kommunikation und ihre Wirkung“. Mein Herzensthema. Seit sechs Wochen freute ich mich auf diesen Tag. Sechs Wochen, in denen ich mir schon mal für meine Präsentation Gedanken machte und meine Ideen niederschrieb.

Inspiriert von einem Trainer hatte ich in meinem Kopf eine klare Vorstellung zu meinem Vortrag entwickelt.

Ich wollte, genau wie er, einen Notenständer neben mir stehen haben. Auf ihm meine ausformulierte Rede in einem schönen Ordner in blau. Passend zu meinem Buch, das dann alle Teilnehmer:innen vor sich liegen haben würden. Ich kaufte mir sogar schon Klarsichthüllen. Solche, die nicht spiegeln, damit ich meinen Text ja nicht aus den Augen verlieren konnte. Auf den Moment, in dem meine Vorstellung wahr werden würde, freute ich mich voll und ganz.

Und dann lief aber doch alles anders als erwartet.

Zwei Tage vor der Tagung setzte ich mich in mein Büro. Ich brachte meine Gedanken und Notizen der letzten Wochen in Form. Es machte mir keine Mühe, alles auf Papier zu bringen. 24 Seiten füllten sich spielend leicht. Zum Schluss versah ich die Seiten mit meinem Logo, druckte sie aus, verpackte sie in die nicht spiegelnden Folien und verstaute sie in meinem schönen, blauen Ordner. Ich fühlte mich richtig gut. Alles war perfekt vorbereitet. Beruhigt und zufrieden ging ich mit einem Freund einen Kaffee trinken.

Einen Cappuccino und einen Erdbeerkuchen später, kam ich am späten Nachmittag vollkommen entspannt nach Hause. Mir kam der Gedanke, dass ich meinen Vortrag noch durchsprechen sollte. So stellte ich mich in mein Wohnzimmer. Vor meinem inneren Auge sah ich mich auf der Bühne stehen. Die vielen Menschen sah ich förmlich vor mir sitzen und gespannt lauschen. Ich schlug meinen schönen Ordner auf, drückte auf der Audiotaste meines Handys auf Aufnahme und begann vorzutragen.

Direkt bei der ersten Seite merkte ich: das läuft nicht.

Schon der Einstieg hat nicht richtig gepasst. Jedes Mal, wenn ich von meiner Vorlage abwich und kreativ improvisieren wollte, fand ich kaum mehr in meine vorformulierte Präsentation zurück. Ständig schaute ich auf meine Notizen. Damit ich auch ja nichts auslasse oder vergesse. Und bei jedem Umblättern hakte mein Redefluss erneut.

Ich kann es nicht anders sagen, ich quälte mich durch die Präsentation. Dieselbe Präsentation, die ich locker leicht geschrieben hatte und die mich vor wenigen Stunden noch mit solchem Glück erfüllte. Das einzig Gute an meinem Vortrag: ich hatte 52 Minuten gebraucht. Immerhin passte alles, was ich sagen wollte, in die vom Veranstalter vorgegebene Redezeit von einer Stunde. Nur wie die Stunde gefüllt war, war aus meiner Sicht der reinste Alptraum.

Und ich wusste:
so werde ich das niemals präsentieren!

Das entsprach bei weitem nicht meinen Vorstellungen für die Veranstaltung. Der Vortrag transportiere nicht das, was ich den Teilnehmer:innen vermitteln wollte. Meine positive Stimmung kehrte sich ins Gegenteil. Ich war frustriert, entsetzt. Meine Laune war im Keller. Meine Gedanken fuhren Karussell: „Heike, wieso machst du das wieder auf den letzten Drücker? Seit sechs Wochen weißt du von dem Auftrag und dann fängst du 48 Stunden vorher an alles fertigzumachen?“ Bei jedem Gedanken stieg mein Puls ein bisschen höher. Die Erkenntnis, dass meine Präsentation so nicht funktionierte und ich diese trotzdem übermorgen vor einem großen Publikum halten sollte, versetzte mich richtig in Stress. Alle Vorfreude war urplötzlich verflogen und wurde durch Angst und Überforderung ersetzt. Um mich abzulenken, packte ich erstmal meinen Koffer. Für Frauen wie mich ist es schon recht komplex, in nur einen kleinen Koffer genau die richtigen Sachen für eine Kurzreise zu verstauen. Immerhin aber noch leichter als mich mit meinem Vortrag zu beschäftigen. Natürlich funktionierte das aber nur bedingt. Mein Kopf arbeitete auf Hochtouren. Schließlich brauchte ich eine Lösung, wie ich mich aus dieser untragbaren Situation befreien könnte. Mir kam der Gedanke, einfach nicht zur Tagung zu gehen. Und um der Wahrheit die Ehre zu geben, ertappte ich mich auch bei diesem Gedankengang:

„Was, wenn ich mich einfach krankmelde?“

Ich wollte das gar nicht denken. Und ich wollte schon gar nicht, dass jemand jemals erfährt, dass ich so etwas denke. Denn es fühlte sich schlecht an nach solchen Ausreden zu suchen. Doch ich steckte nun mal in einem Dilemma: einerseits das Wissen, dass ich einen Auftrag zu erfüllen habe. Andererseits die Einschätzung, dass ich das nicht hinbekommen werde, denn ich wollte den Auftrag ja auch nicht nur irgendwie über die Bühne bringen, sondern vor allem gute Arbeit leisten.
Dass ich keine Lösung für dieses Dilemma fand, aktivierte erst recht den Fluchtmodus. Die Ausrede, krank zu sein, schien immer mehr wie ein eleganter Ausgang für meine missliche Lage.
Wie du siehst: in diesem Moment hatte ich erstmal keine Perspektive. Ich war vollständig in Panik. Ich sah keinen Ausweg. All meine Vorfreude, all die Liebe zu meiner Arbeit, zu meinem Thema, war komplett weg.

Da ich aber in Sachen Gelassenheit trainiert bin, brachte ich meine Gedanken dazu, sich zu drehen. Ich fragte mich „Heike, kennen wir eine solche Situation oder kennen wir sie nicht?" Das konnte ich mit einem klaren Ja beantworten. Und ich erinnerte mich daran, dass solche Situationen immer gut ausgegangen waren.

Plötzlich stellte meine innere Stimme die zentrale Frage: „Wie schaffe ich es dieses Mal?"

Meine Stimmung stieg und es kam der Prozess in Gang, den ich in meinem Buch „Gelassenheit macht reich" vermittelt habe: egal, wie mies die Stimmung gerade in mir ist, ich kann sie wieder drehen. Und je mehr ich darin geübt bin, Einfluss auf meine Gefühlslage zu nehmen, desto schneller kann ich sie für mich verändern. Denn nur indem ich das schaffe, gelingt es, sich auf die Lösung anstelle des Problems zu konzentrieren. Und genau das passierte. Mit einem Mal kam mir der vorangegangene Vormittag in den Sinn. Ich war bei einem Radiosender zu einem Interview eingeladen. Es lief wunderbar. Alles war völlig entspannt. Es gab kein Skript und keinen Leitfaden. Ich war einfach vollkommen bei mir selbst und im Flow. Alle waren zufrieden – einschließlich mir selbst.

Doch was genau war an diesem Interview anders als am bevorstehenden Vortrag?

Immerhin hatte ich mich auf das Interview überhaupt nicht vorbereitet. Ich ging völlig ohne Konzept in den Termin und beendete ihn dennoch mit einem positiven Gefühl. Dann kam die Erkenntnis: ich leitete meinen Part kurz ein und ließ mir dann einfach Fragen stellen, die ich spontan beantwortete. Es gab keine Präsentation, keine vorformulierten Inhalte von mir. Schlagartig erkannte ich, was bei mir läuft und was nicht:

Ich mag Struktur. Aber sie passt nicht in jeder Situation zu mir.

Im Vergleich zu anderen Menschen oder anderen Trainern, kann ich gut mit Fragen umgehen. Spontaneität stresst mich nicht, im Gegenteil. Sie gibt mir Raum, ich selbst zu sein und das zu vermitteln, was in dem Moment am wichtigsten erscheint. Ich erkannte: ich hatte mich von diesem Bild, das sich durch diesen einen Trainer in meinem Kopf geformt hatte, von dem entfernt, was mich ausmacht. Und ich erkannte: was andere machen, muss nicht für mich das Richtige sein. Diese Erkenntnis war der Gamechanger. In dem Moment fand ich wieder zurück zu mir. Die Panik verpuffte. Alles war wieder frei in mir. Die Idee pushte sich hoch in die vollkommene Freude, die ich die letzten Wochen beim Gedanken an die Veranstaltung empfand. Das Bild in mir, wie ich kraftvoll referiere, war zurück. Die Ausgangsfrage für meine Vorbereitung hieß nun für mich: was würden mich die Teilnehmer:innen bei der Vertriebstagung fragen, wenn sie die Gelegenheit dazu hätten? Recht schnell hatte ich einige Fragen aufgeschrieben und damit war meine Vorbereitung vollendet. Die Formulierung der Fragen fühlte sich auf Anhieb stimmig an. Einzig und allein änderte ich bei zweien die Reihenfolge.

Und so fuhr ich nicht mit einem Ordner mit 24 Blättern zur Tagung. Sondern mit einem Blatt Papier und 24 Fragen.

Am Morgen der Veranstaltung stand ich voller Vorfreude auf. Ich war gespannt darauf, ob mein Plan mit den Fragen aufging. Aber vor allem konnte ich es kaum erwarten, bis es endlich losging. Gemütlich machte ich mich fertig und zog mein Outfit an, das ich extra für diesen Tag gekauft hatte. Das ist etwas, was ich aktiv in die Hand genommen hatte. Nicht nur, weil das Auge bekanntlich mitisst, sondern weil das Outfit die Basis dafür ist, dass ich mich vor so vielen Menschen rundum wohlfühlen kann. Aufgehübscht und ganz entspannt war dann erstmal Frühstücken angesagt. Danach ging es jedoch endlich los. Ich genoss es in vollen Zügen, mein Headset angelegt zu bekommen. Als die Anmoderation mich ankündigte, platzte ich fast vor Freude. Natürlich hatte ich mir überlegt, wie ich den Einstieg in meinen Vortrag gestalten wollte. Die vergangenen 48 Stunden hatten mich an etwas erinnert:

Zu meiner Lebensart gehört der Mut, einfach ich selbst zu sein. Wenn ich „Ich“ bin, bin ich am kraftvollsten.

Und so begann ich von meiner Vorgeschichte für diese Tagung zu erzählen. Mit all den Höhen und Tiefen, die du auf den letzten Seiten gelesen hast. Meine vollkommene Offenheit und Ehrlichkeit brachte ich auf die Bühne. Ich gestand sogar vor allen, dass ich mich vor meinem Vortrag drücken wollte und mit dem Gedanken spielte, krank zu machen. Sicher fragst du dich jetzt:

Was hat es bei dem Publikum bewirkt, dass ich sie mit meinem Ich und allem, was dazu gehört, konfrontiert hatte?

Nun, die Reaktion des Publikums war überwältigend. Eine Stunde lang hatte ich nur glückliche und lachende Gesichter vor mir. Die Teilnehmer:innen fühlten mit mir. Denn jede:r hatte eine solche Situation schon einmal selbst erlebt. Meine Offenheit führte zur Offenheit des Publikums. Und damit waren sie bereit, das Beste für sich selbst aus meiner Schatzkiste herauszuholen.

Für mich steht diese Erfahrung sinnbildlich hinter meinen Beweggründen für dieses Buch. Sie beschreibt, wie ich selbst für einen kurzen Moment von der Liebe abgekommen bin – von der Liebe zur Sache, von der Liebe zu meinem Beruf und noch schlimmer: von der Liebe zu mir. Mit Hilfe dieses Buches möchte ich dir zeigen:

- wie auch du in herausfordernden Situationen ganz bei dir bleibst, um diese bestmöglich zu bewältigen;
- wie du erfolgreich Karriere machst und dabei ganz und gar du selbst bleibst;
- wie du die wichtigsten Fragen für dein Vorankommen selbst klären kannst. Nämlich die Fragen: wie könnte Karriere machen leichter gehen? Was bremst mich gerade? An welchen Stellen kann ich noch weiterkommen als bisher?

Mein Geschenk an dich

Bevor du beginnst dieses Buch weiterzulesen, habe ich ein Geschenk für dich. Damit du den größtmöglichen Nutzen aus dem folgenden Prozess ziehst, solltest du dir jetzt unbedingt das begleitende Audioprogramm herunterladen und direkt einmal durchführen.

Es hilft dir, die Inhalte sofort tiefer zu verstehen und zu verankern. Normalerweise kostet dieses Programm 29,99€. Du erhältst es hier kostenfrei.

http://www.wolfangel-academy.de/buch-karriere-download

Teil 1

Liebe als Grundlage deiner Karriere

Warum Karriere nur mit Liebe erfolgreich läuft

Liebe und Karriere sind zwei Schlagworte, die für jeden etwas anderes mit sich bringen können. Damit du nun in meine Welt eintauchen und das Beste aus dem Buch herausholen kannst, erfährst du vorab, was die beiden Begriffe für mich ausmachen.

Wie ich das erste Mal bewusst liebte

Als die Liebe zum ersten Mal bewusst in mein Leben trat, war ich gerade einmal sechs Jahre jung. Zu meinem Geburtstag bekam ich ein wundervolles Geschenk: meinen Teddybären „Toddel". Damals, vor vielen Jahren, war er eine Sonderedition der Zeitschrift „Brigitte". Als meine Mutter die Werbung sah, wusste sie auf Anhieb, dass er mir gefallen würde. Was sie wohl kaum ahnte: ich entwickelte eine dermaßen starke Zuneigung zu diesem Bären, dass er mich von meinem Geburtstag an auf Schritt und Tritt begleitete. Meiner Familie, meinen Freunden, ja sogar der ganzen Dorfgemeinschaft war klar: da wo Heike ist, da ist auch der Toddel. Einmal suchte die gesamte Nachbarschaft nach mir, weil ich scheinbar verschwunden war. Allen war bewusst, dass ich mich nicht im ersten Obergeschoss befinden würde, weil der Teddy auf der Treppe

nach oben lag. Niemals würde ich an ihm vorbeigehen, ohne ihn mit nach oben zu nehmen. In Wirklichkeit schlief ich wie Dornröschen in meinem Kinderzimmer. Auf dem Weg ins Bett hatte ich vor lauter Erschöpfung den Bären auf der Treppe verloren.
Auch in der Schule war Toddel präsent. Im Handarbeitsunterricht häkelten und strickten alle für ihre Puppen – ich aber machte die schicksten Pullis und Hosen für meinen Teddy. Toddel war mein engster Freund. Ich konnte ihm alles erzählen, ihn vollheulen, ihm meine Geheimnisse anvertrauen und ihm meine Schandtaten beichten.

Er hat mich angenommen, wie ich bin. Und ich habe ihn angenommen, wie er ist.

Eben auch als er nicht mehr ganz so weich war, schon etwas zerknautscht und verformt über die vielen Jahrzehnte, die er mich begleitete. Vielleicht klingt das alles ein bisschen verrückt. Aber mit Toddel machte ich eine der für mich prägendsten Erfahrungen. Zum ersten Mal war da jemand, bei dem ich wusste, der gehört zu mir, der rettet mich und gibt mir Halt, auch wenn es mal Dicke kommt. Er stellte keine Erwartungen an mich, bewertete mich nicht in dem, was ich tat. Mit einem Schlag wurde mir bewusst: das muss Liebe sein. Bis heute schläft Toddel an meinem Bett. Ich schlafe nicht ein, ohne seinen Bauch zu streicheln. Ich verlasse morgens nicht das Schlafzimmer, ohne ihn zu berühren. Für mich ist der Bär meine persönliche Aufladestation für die Liebe. Mein Mahnmal dafür, dass mein höchster Wert im Leben die Liebe ist. Toddel hat mir auch dabei geholfen, meine Definition für die Liebe zu entwickeln:

Liebe ist für mich, etwas sein lassen zu können, wie es ist. Mehr noch, mich sogar daran zu erfreuen. Das betrifft Situationen, andere Menschen und auch mich selbst.

Dementsprechend ist Liebe für mich fern ab von Erwartungen, Bewertungen, Haltungen oder Meinungen. Sie existiert unabhängig davon. Niemand muss etwas erfüllen, um geliebt zu werden. Sie ist ein tiefgreifendes Gefühl, das sich bemerkbar macht durch ein Lächeln auf den Lippen, durch das tiefe Empfinden von Wärme, Frieden, Geborgenheit, Zufriedenheit und Gelassenheit.

Die Liebe ist ein Selbstladesystem für die kraftvollste Batterie der Welt – für mich, meine Energie, meine Gedanken, mein Sein.

Sie ist die kraftvollste Energie, die wir spüren können. Auch wenn sie einmal abhandengekommen scheint – die Liebe ist allgegenwärtig. Der Zugriff ist jedem Menschen jederzeit gewiss. Dennoch kann es sein, dass Störfaktoren deren Wahrnehmung verhindern. Werden diese jedoch behoben, ist das Gefühl der

Liebe wieder bewusst spürbar.

Klingt das esoterisch? Vielleicht. Um das Bild zu vervollständigen: Liebe kann und muss auch rational sein. Das bedeutet sie kann verantwortungsbewusst und gezielt entfesselt werden.

Zur Veranschaulichung gehen wir einmal zurück zu meiner Einstiegsgeschichte dieses Buches. Was war geschehen? Kurz vor meiner Rede auf der Vertriebsmesse steckte ich in einem Hamsterrad der Selbstzweifel und der Kritik fest. In einer Chaoswelle sah ich nicht mehr, dass ich meinen Job eigentlich gerne mache und mich auf den Auftrag tierisch gefreut hatte. Nicht mehr, dass ich ihn mit Herzblut und Leidenschaft auslebe. Nicht mehr, dass ich stets mein Bestes gebe. Ich haderte mit der Situation. Aber vor allem auch mit mir. Ich kritisierte mich für mein Unvermögen, meine Vorbereitungen frühzeitig zu treffen und für die eigentlich absolut menschliche Reaktion der Angst, die schließlich durch das Suchen von Ausreden zutage trat. Diese Ausreden befeuerten wiederum meine Selbstkritik. Ein Teufelskreis. Wie kam es dazu? Ganz einfach: mir war die Liebe abhandengekommen. Die Liebe zu meiner Arbeit und zu meinen Inhalten, die ich so gerne an andere weitergebe. Und vor allem die Liebe zu mir selbst. Statt mich mit Wohlwollen zu betrachten, plagte ich mich mit Selbstvorwürfen.

Im Alltag ist es ein leichtes, in solche Hamsterräder zu gelangen. Das ständige Gedankenkreisen kostet jedoch Zeit und Energie. Ein Ausstieg aus dem Hamsterrad ist dennoch ohne weiteres möglich. Nur wie?

Indem man die innere Stimme, die einem leise Zweifel und Kritik zuflüstert, transformiert in eine positive oder ermutigende Stimme.

So verändert der Fokus sich rasch vom Problem hin zur Lösung. Das penetrante Kritisieren wird zu Wohlwollen der Situation, anderen Menschen oder sich selbst gegenüber. Das schafft letztendlich Raum für die Liebe. Das entmutigende Gedankenkreisen ist ein Störfaktor, den du bewusst ausschalten kannst. Diese Transformation benötigt jedoch etwas Übung. Je mehr sie trainiert wird, desto schneller kann sie gelingen. Mit dieser Transformation wird die Liebe in dir wieder spürbar. Wichtig zu wissen ist, dass die Liebe nicht erzwungen werden kann. Wenn du schwerwiegende Probleme hast oder dich in einer Situation etwas bewusst oder unbewusst triggert, dann treten zunächst andere Gefühle in den Vordergrund. Aber auch diesen kannst du Beachtung schenken. Sie haben ihre Berechtigung und führen dich auf die Spur zu den eigentlichen Störfaktoren. In manchen Lebensphasen oder Situationen kannst du auch schlicht keine Liebe spüren wollen. Manchmal möchtest du in anderen Emotionen aufgehen oder deine Antennen sind eben gerade nicht auf Liebe gestellt. Auch das ist möglich. Und das ist okay.

Denn wenn du dich selbst mit Liebe betrachtest, bist du immer gut, so wie du bist und fühlst.

Dieser Gedanke führt mich zu einer der bedeutendsten Grundlagen in diesem Buch. Denn das Leben läuft so viel schwerer ohne die Liebe zu sich selbst.

Selbstliebe - der Schlüssel zu mehr Erfolg

Was wäre, wenn es ein Wundermittel gäbe, welches dein Leben auf Anhieb glücklicher, erfolgreicher und leichter machen würde? Wenn das für dich spannend klingt, habe ich gute Nachrichten: das Wundermittel gibt es. Es nennt sich Selbstliebe und bedeutet, sich selbst anzunehmen, wie man ist. Das in jeder Lebenslage und Situation. Sich wohlfühlen mit sich selbst – innerlich wie äußerlich. Die eigenen Schwächen, Ecken und Kanten sehen, ohne sich daran zu stören. Das sind Dinge, die vielen Menschen unmöglich erscheinen. Das Grundproblem:

Ein Erziehungsirrtum verhindert bereits bei Kindern, Selbstliebe zu erlernen. Daher müssen wir unsere Selbstliebe als Erwachsene mehr oder minder intensiv erarbeiten.

Selbstliebe kann nur gelernt werden, indem bedingungslose Liebe erfahren wurde. In der Kindheit funktioniert das aber meistens nicht. Um Kinder auf die Gesellschaft und das Leben vorzubereiten, wird das kindliche Tun durch ihre Bezugspersonen stark bewertet. Kinder werden gelobt, wenn sie etwas aus Sicht der Erwachsenen gut gemacht haben. Wenn aber nicht, dann werden sie getadelt und geschimpft, das Taschengeld wird gestrichen oder Hausarrest wird ausgesprochen. Auch wenn die Strafen und Kritiken von anderen Erwachsenen als verständlich empfunden werden, aus Sicht des Kindes sind sie es häufig nicht. Denn die kindliche Perspektive lässt oft den Gedankengang der Eltern gar nicht zu. Es weiß nicht, warum das eigene Handeln in dieser Situation nicht gut war oder was es alternativ hätte tun können. Es entsteht ein großes Missverständnis: die Eltern denken, dass die Kinder durch das Zurechtweisen optimal auf das Leben vorbereitet werden. Doch was lernen sie in Wirklichkeit? Sie lernen, dass sie Erwartungen anderer zu erfüllen haben. Denn wenn sie diesen nicht entsprechen, hat das negative Konsequenzen. Diese führen letztlich immer dazu, dass Kinder sich in diesen Momenten nicht geliebt fühlen und sich selbst als nicht liebenswert empfinden. Für uns bedeutet das:

Wir haben von klein auf gelernt, dass wir nur Liebe erhalten, wenn wir etwas tun oder leisten.

Die Erwartungen strömen allerdings nicht nur durch unsere Eltern auf uns ein, sondern auch von Großeltern, Lehrkräften, Freund:innen, dem Partner oder der Partnerin, später im Beruf durch die Kollegen:innen oder den Chef bzw. die Chefin. Meistens werden gleichzeitig von unterschiedlichen Personen Erwartungen an uns gestellt, die nicht immer harmonieren. Die entscheidende Frage lautet dann: wem soll ich es denn nun recht machen? Person A oder B?

Eine Person gelangt dabei völlig in den Hintergrund: du selbst. Denn bei all den Erwartungen, die an dich herangetragen werden, vergisst du leicht, was du willst. Wie auch? Als Mensch, der schon von Kindesbeinen an wie oben beschrieben sozialisiert wurde, bist du bestens darin geschult wahrzunehmen, was die Gesellschaft von dir will. Nicht aber darin, zu spüren, was du selbst willst. Und selbst wenn du diese Prägung überwindest und dich tatsächlich einmal rundum wohl und zufrieden fühlst mit dir selbst, kommen sofort Zweifel: „Darf ich mich überhaupt gut finden? Bin ich egozentrisch?“ Sofort fährt deine innere Stimme Geschütze auf, die gegen das Glücksgefühl schießen und dich zurück in dein Hamsterrad katapultieren. Das Negative rückt wieder in den Fokus und du siehst sofort Dinge, die du anders oder besser hättest machen können.

Liebe im Beruf – gibt es das überhaupt?

Meiner Erfahrung nach ist die Meinung weit verbreitet, dass Liebe im Beruf nichts zu suchen hat. Mehr noch: ich wage zu behaupten, dass den meisten Menschen nicht in den Sinn kommt, dass ein Beruf irgendetwas mit Liebe zu tun haben könnte. Natürlich kommt das nicht von ungefähr. In unserer Gesellschaft entscheiden Noten, Bewertungen, Zertifikate, Urkunden, Levels, Ausbildungen oder Studienabschlüsse über die Karriere. Das ist die Meinung, die wir von klein auf wie ein Mantra von unseren Bezugspersonen eingeflößt bekamen.

Viele Berufe sind heute nur noch mit Studienabschluss zugänglich. Auch viele Unternehmen stellen ausschließlich Studienabgänger:innen ein. Das Wertesystem ist im beruflichen Kontext darauf aufgebaut, Hürden zu überwinden, die an vermeintlich vergleichbare Bewertungen geknüpft sind.

Doch in den letzten Jahren haben einige Unternehmen dazugelernt.

Persönlichkeitsentwicklung und die Relevanz von Soft Skills haben Einzug erhalten. Das Wohl der Mitarbeiter:innen hat an Bedeutung gewonnen. Es wurden Fitnessräume oder Kommunikationsecken geschaffen, kostenloses Wasser und Obst zur Verfügung gestellt. Alles mit dem Ziel, dass sich Mitarbeiter:innen am Arbeitsplatz wohlfühlen und trotz der vielfältigen Herausforderungen im Arbeitsalltag gesund bleiben. Mitarbeiter:innen werden nicht mehr nur als Arbeitskräfte gesehen. Es wurde erkannt, dass hinter jeder Arbeitskraft ein Mensch mit seinen Kompetenzen, aber auch Bedürfnissen steht. Diese Erkenntnis ist ein Gewinn. Oder anders gesagt: ein kleiner Siegeszug der Liebe. Das alles trifft allerdings noch lange nicht auf alle Unternehmen zu.

Was kannst du tun, wenn in deinem Unternehmen keine Liebe vorhanden ist?

Wenn du in einem Unternehmen arbeitest, in dem Liebe keine Rolle spielt, dann ist das kein Grund zu verzweifeln. Andere Menschen wollen nicht mit Liebe agieren? Das heißt nicht, dass du dich anpassen musst. Es heißt auch nicht, dass du den Auftrag hast, deine Mitmenschen zu verändern. Liebe hat absolut nichts damit zu tun, andere umerziehen zu wollen. Die Umerziehung anderer ist auch insofern ein sinnloses Unterfangen, da es viele Menschen einfach nicht schaffen, sich im beruflichen Umfeld zu öffnen. Erst recht nicht durch Druck. Jeden Morgen, bevor sie zur Arbeit gehen, schlüpfen sie in eine Rolle. Der Anzug wird angezogen, die Krawatte gebunden, in die Lederschuhe geschlüpft. Mit dieser Rüstung fühlen sie sich gewappnet für all das, was sie im Arbeitsalltag erwartet. Jedes Outfit, jede Berufskleidung bewirkt etwas in einem und man bewegt sich darin, wie man sich am wohlsten fühlt.

Am Abend wendet sich das Blatt: der Anzug wird ausgezogen, die Lederschuhe ins Eck gestellt und dann wird mit den Kindern barfuß im Garten gespielt. In diesem Moment verändert sich die Rolle, die Person ist nun Privatperson, Ehemann, Ehefrau, Vater oder Mutter. Dementsprechend verändert sich sogar die Wortwahl und Körpersprache. Was jedoch unterschätzt wird ist, dass das Rollenverhalten in verschiedenen Kontexten zu einer Trennung innerhalb einer Person führt. Es entstehen verschiedene Persönlichkeiten, die sich je nach Umfeld entsprechend verhalten und bewegen. Je mehr Rollen wir im Alltag einnehmen und zwischen denen wir kontinuierlich wechseln müssen, desto komplexer wird es für uns. Die Trennung der Rollen bedeutet immer auch eine gewisse Anstrengung und kostet über die Zeit Unmengen an Energie. Deutlich leichter wird das Leben, wenn ich durchgängig ich sein kann – egal in welcher Situation oder in welchem Umfeld.

Solltest du in einem Unternehmen ohne Liebe arbeiten, dann ist mein Tipp: rücke dich selbst in den Mittelpunkt des eigenen Fokus und bleibe der Liebe treu. Was andere tun, ist dann nebensächlich. Wenn du in Liebe arbeitest und agierst, dann schaust du nach dir selbst und machst die Dinge so, wie es für dich allein stimmig ist.

Es stört dich dennoch, dass andere sich lieblos verhalten oder handeln? Dann übernimm Eigenverantwortung. Entscheide dich aktiv, was du mit diesen Störfaktoren machst und ob du sie verändern möchtest. Der wohl wichtigste Tipp ist aber: lass dich nicht verleiten und mitreißen von deinem Umfeld. Bleibe bei dir, bleibe in der Liebe, denn:

Wenn du „DU“ bist, bist du am kraftvollsten – ganz egal wie du bist.

Dieser Schlüsselsatz ist mein persönliches Lebensmotto und er zieht sich durch meinen gesamten Lebenslauf.

Karriere und die Gefahren, die sie mit sich bringt

Karriere machen - was bedeutet das eigentlich?

Was denkst du, wenn du den Begriff „Karriere“ hörst? Bei vielen Menschen kommen sofort Bilder und Assoziationen hoch. Sie sehen vor ihrem inneren Auge einen erfolgreichen Menschen, der die Karriereleiter steil nach oben hinaufklettert, der eisern seinen Weg verfolgt und auf diesem alle Stolpersteine überwindet. Insgeheim wissen wir, dass die Person, die Karriere macht, einen Preis für ihren Erfolg zahlt. Eine Karriere wird einem nicht geschenkt. Es kostet viel

Zeit, Energie, Anstrengung und bedeutet fast immer auch ein Leben voller Druck und Stress. Bei Karrieristen wundert sich keiner, wenn deren Ehe zu Bruch geht oder sie unter einem Magengeschwür leiden. Sie sind aus Sicht der anderen die einsamen Wölfe an der Spitze. Und weil sie so viel in Kauf nehmen für ihren Erfolg, werden sie umso mehr mit Faszination und Bewunderung betrachtet.

Viel mehr als diese negativen Auswirkungen erlangen jedoch die positiven Effekte an Fokus: ein hohes Einkommen, der damit verbundene höhere Lebensstandard oder Privilegien wie teure Dienstfahrzeuge. Solch materiellen Dinge sind nach außen hin sofort wahrnehmbar und können bei den Betrachtern zu einem verschobenen Bild führen. Denn es scheint leicht zu sein, Karriere zu machen – außer natürlich für einen selbst. Man sieht sich selbst vielleicht nicht in der Lage, einen gleichen oder ähnlichen Erfolg herbeizuführen. Man sieht, dass der Andere Dinge geleistet hat, die ich mir selbst nicht einmal annähernd zutrauen würde. Und so werden die wenigsten am Ende ihres Berufslebens sagen; „Ich habe in meinem Leben eine schöne Karriere hingelegt.“ Denn der eigene Erfolg ist für die meisten Menschen schwer wahrnehmbar. Er wirkt klein, sobald man sich vergleicht.

Neben der Ehrfurcht und Bewunderung für die Karriere anderer, stellen sich viele gleichzeitig die Frage: wie macht derjenige das? Wie ist ihm diese Laufbahn gelungen? Wie wuppt er neben seinen beruflichen Aktivitäten noch den ganz normalen Alltag mit

Frau, Kind und Haushalt? Mit dem Kauf dieses Buches hast du bewiesen, dass dich genau das interessiert. Dadurch bist du bereits den nächsten Schritt deiner ganz persönlichen Karriere gegangen.

Die Wahrheit ist: jeder kann Karriere machen. Wenn du es wirklich willst und du die richtigen Entscheidungen für dich triffst, dann steht dir für deine erfolgreiche Laufbahn nichts mehr im Weg.

Bisher haben wir „Karriere“ als rein beruflichen Werdegang betrachtet. Als Anregung für deine eigene Definition vervollständigen wir das Bild nun. Denn für mich geht der Begriff weit über das bisher Beschriebene hinaus. Bei der „Karriere“ geht es aus meiner Sicht nicht um die Betrachtung anderer Menschen. Vielmehr geht es darum, seinen eigenen Weg zu entwickeln. Im Zentrum steht zu entdecken, was du willst, was du kannst, was du tun möchtest und wie du dir etwas ganz Eigenes aufbauen kannst. Danach gilt es, eine Strategie zu entwickeln, wie du aus diesen Erkenntnissen das Maximum herausholen kannst – für dich, für deinen Arbeitgeber, für dein eigenes Business, für deine Kunden, für die Welt.

Folgende Fragen können dir dabei helfen:

- Welche Talente habe ich? Was kann ich besonders gut?
- Wie bringe ich meine Gaben in die Welt?
- Was möchte ich in meinem Berufsleben machen? Welche Tätigkeiten machen mir Spaß und bringen mir Freude? Entsprechen diese Tätigkeiten meinen Werten?
- Wie verfeinere ich mein Wissen, mein Können und meine Talente? Und wie verdiene ich damit letztlich Geld?
- Wie vergrößere ich meinen Verantwortungsbereich? (z. B. Selbstständig machen oder Weiterentwicklung in Unternehmen)

Die Antworten auf diese Fragen legen den Grundstein für deinen Weg. Einen Fokus auf Dinge, die einem Spaß und Freude bringen zu legen, magst du vielleicht in der Vergangenheit unterschätzt haben. Denn von Schulzeiten an haben wir gelernt, dass eine kontinuierliche, aufeinander aufbauende Berufsbiografie sinnstiftend ist. Wir lernen unsere Schullaufbahn entsprechend der Berufswünsche zu planen, strukturieren unser Studium, machen kalkulierte Auslandsaufenthalte, sammeln Bescheinigungen für unsere Kompetenzen. Alles nur, um möglichst früh die besten Karten für bestimmte Jobs oder Branchen zusammen zu haben. Mein eigener Werdegang entspricht genau dem

Gegenteil.

Es gab keinen klaren Weg für mich. Meine Karriere verlief sprunghaft, vielseitig und wurde von Lust und Liebe gesteuert.

Bereits im Grundschulalter zeichnete sich dies ab. Ich war ein verspieltes, offenes Kind, das gerne malte und bastelte. Schon damals war ich vielseitig interessiert und hatte kein einzelnes Hobby, in dem ich voll aufging. Abgesehen vielleicht vom Essen, denn damals wie heute gehört das definitiv zu meinen Lieblingsbeschäftigungen. Die Grundschulzeit empfand ich als recht anstrengend. Während ich in den Jahren vorher komplett frei war, fühlte ich mich in der Schule eingeschränkt. Plötzlich gab es so viele Dinge zu tun, die ich lieber nicht getan hätte. Besonders das Lesen und Schreiben stellten für mich ein Problem dar. Dementsprechend glänzte ich nicht gerade mit den besten Noten. Ich war keine gute Schülerin, war häufig überfordert und konnte den Anforderungen nicht gerecht werden. Unter dieser Situation litt ich zwischenzeitlich so sehr, dass ich mich sogar heute noch an Tage zurückerinnere, an denen ich schreiend auf der Straße stand und mich weigerte, in die Schule zu gehen. Trotz allem bin ich grundsätzlich gerne zur Schule gegangen. Ich liebte es, meine Klassenkameraden zu treffen und hatte auch ein gutes Verhältnis zu meinen Lehrern. Sie, wie auch meine Eltern, waren sehr verständnisvoll und wohlwollend. Sie versuchten mich dabei zu unterstützen, mich in meinen schwachen Fächern zu verbessern. Doch egal, wie sehr ich mich anstrengte, egal wie viele Übungen ich zusätzlich absolvierte, die Anstrengungen waren nicht von Erfolg gekrönt. Ich konnte mein Diktat einhundertmal durchlesen, ich fand die Fehler trotzdem nicht. Im Grunde war diese Erkenntnis für mich nicht schlimm. Ich wusste, dass ich mit meiner Stärke, Aufsätze zu schreiben, meine Schwächen im Diktat ausgleichen konnte.

Diese Balance zwischen meinen Stärken und Schwächen machte mich gelassen und wohlwollend mir selbst gegenüber. Ich konzentrierte mich auf das, was ich konnte und darauf, was ich gerne machte.

Fortan fokussierte ich mich also bei Diktaten darauf, sie mit Blümchen zu verzieren, damit sie wenigstens schön aussahen und ich dennoch Spaß an der Sache fand.

Die Differenz zwischen Stärken und Schwächen in der Schule wirst du vielleicht auch aus eigener Erfahrung kennen oder aus der Erfahrung mit deinen Kindern. Der Umgang mit den Talenten oder nicht-Talenten ist wegweisend. Dies musste ich leidvoll lernen, als mein Sohn auf den Rat der Grundschule hin zum Legasthenie-Test sollte. Mit der Intension, dass es ihm schließlich besser gehen sollte, stimmte ich dem Test zu. Das Endergebnis war allerdings völlig anders als erwartet. Tatsächlich wurde bei ihm eine leichte Lese- und Rechtschreibschwäche festgestellt. Diese wurde ihm aber derart empathielos mitgeteilt, dass für ihn fast schon ein kleines Trauma daraus entstand. Sein Selbstbewusstsein und sein Selbstwertgefühl waren geschwächt. So sehr, dass ich daraus die Konsequenz zog, meinen Sohn wieder emotional aufzubauen und zu schauen, dass er das Ergebnis des Tests schnellstmöglich wieder vergisst. Zuerst machte ich mir starke Vorwürfe, dass ich dem Verfahren zugestimmt hatte. Gemeinsam konnten wir dann aber das Blatt wenden, als ich mich daran erinnerte, wie toll meine Mutter mich damals unterstützt hatte. Als ich in der Schule war, bestärkte sie mich immer darin, mich auf meine Stärken zu fokussieren. Mit dem Resultat, dass ich mich in keinem Moment klein oder wertlos fühlte, auch wenn ich in gewissen Bereichen nicht so gut war. Am Ende der Grundschulzeit spiegelte mein Zeugnis all das, was ich dir eben erzählte. Es fiel nicht allzu gut aus und meine Eltern und Lehrer stimmten überein, dass ich auf der Hauptschule am besten aufgehoben sein würde. Für mich war diese Entscheidung stimmig. Niemand gab mir zu dieser Zeit das Gefühl, dass eine Schullaufbahn auf der Hauptschule im Vergleich zu anderen Schulen minderwertig sei. Es barg auch viele Vorteile für mich. Ich kannte die Schule bereits, denn Grund- und Hauptschule waren in einem Gebäude angesiedelt. Dementsprechend kannte ich auch viele

Leute und Schüler:innen, und all diese Menschen kannten mich.

In der fünften Klasse im Englischunterricht durfte ich mich bei einem Spiel neu erfinden. Jeder durfte einen englischen Namen auswählen, mit dem man dann angesprochen wurde. Unzufrieden mit meinem eigentlichen Vornamen, wählte ich erfreut den neuen Rufnamen Jenny. Nach wenigen Wochen nannte mich plötzlich jeder bei diesem Namen. Außerhalb des Englischunterrichts auch. Durch diese neue Identität verbesserten sich meine Noten zusehends. Ich schrieb fast ausschließlich Einsen oder Zweien. Die Lehrer begannen sich zu fragen, weshalb ich nicht auf das Gymnasium übergetreten war.

Schließlich trafen meine Eltern die Entscheidung, mich auf die Realschule übergehen zu lassen. Das Gymnasium erschien ihnen dann doch nicht passend für mich. In meinem neuen Wirkungskreis wiederholte ich zunächst die fünfte Klasse und von da an marschierte ich lässig durch den Schulalltag, ohne weitere große Anstrengungen. Neben dem Unterricht blieb mir genügend Zeit, weitere Talente von mir zu nutzen. Was ich schon damals konnte, war zu sprechen, zu argumentieren und mich für gewisse Themen einzusetzen. Wenig überraschend wurde ich daher mehrfach zur Klassen- und sogar zur Schulsprecherin gewählt.

Die restliche Schulzeit verlief für mich entspannt und einfach. Alle gestellten Anforderungen konnte ich gut erfüllen und ich schloss mit exzellenten Noten die Realschule ab.

Mit dem Zeugnis in der Tasche, wollte ich nun unbedingt eine Ausbildung beginnen. Denn weiterhin die Schulbank zu drücken, kam für mich nicht in Frage. Mein Traum war es, eine Ausbildung zur Drogistin zu machen. Ich sah mich bereits zwischen Lippenstiften und Haferflocken in der Drogerie stehen und Kunden:innen zu Beautyprodukten beraten. Doch auch mein Praktikum in einer Apotheke gefiel mir sehr gut. In meinem weißen Kittel hinter dem Tresen fühlte ich mich sehr kompetent und auch die Beratung zu Gesundheitsthemen fühlte sich sinnstiftend an.

Als ich meinen Eltern meine Überlegungen mitteilte, fiel ich allerdings aus allen Wolken. Mein Vater war hochgradig schockiert und äußerte diesen Unmut lauthals. Damit hatte ich nun wirklich nicht gerechnet! Er verlangte, dass ich zunächst eine kaufmännische Ausbildung machte. Danach, so sein O-Ton, könne ich tun, was immer ich möchte. Zu Beginn wehrte ich mich stark gegen seine Forderung. Seine Beweggründe waren für mich unverständlich.

Letztlich fügte sich dann alles ganz anders als erwartet. Mein Schulabgang war im Jahr 1983. Es war eines der Jahre, in dem die geburtenstarken Jahrgänge von der Schule abgingen. Somit gab es mehr Schulabgänger als freie Stellen – eine für Unternehmen luxuriöse Ausgangslage, die heute schier unmöglich erscheint. Viele meiner Mitschüler:innen schrieben gefühlt hunderte Bewerbungen bis sie endlich einen Ausbildungsplatz bekamen.

Nicht so bei mir. Eine Freundin meiner Mutter war in die USA, genauer nach Los Angeles, ausgewandert. Mir wurde in Aussicht gestellt, dass ich dort zwei Jahre auf die Highschool gehen könne. Mit diesem coolen Plan in der Tasche, sah ich meinem Schulabschluss entspannt entgegen und bemühte mich gar nicht erst groß um eine Ausbildung. Lediglich drei Bewerbungen schrieb ich – meinem Vater zuliebe. Diese waren für Ausbildungsplätze bei unterschiedlichen Banken vorgesehen. Eine ging an die Volksbank in unserem Dorf. Aus meiner Praktikumsstelle bei der Apotheke heraus ging ich in meinem weißen Kittel dorthin. Es war auf der anderen Straßenseite. Ich fragte nach der Möglichkeit für eine Ausbildung und ließ meine Unterlagen direkt vor Ort.

Die Einladung zum Gespräch folgte prompt. Auch von einer anderen Bank erhielt ich die Chance auf ein Vorstellungsgespräch. Dort durchlief ich einen für damalige Verhältnisse sehr professionellen und aufwändigen Bewerbungsprozess. Für mich war das völlig entspannt, denn ich wusste, ich habe nichts zu verlieren. Die Aussicht, in die USA zu gehen, war mein perfekter Plan B.

Diese Gelassenheit spürten wohl auch die potentiellen Ausbilder, denn von beiden Banken wurde mir ein Ausbildungsplatz angeboten.

Mit diesen zwei Zusagen standen meine Eltern und ich vor der Entscheidung: Aufenthalt in den USA oder kaufmännische Ausbildung. Meine Eltern forcierten letzteres. Sicherlich war dafür auch ihre finanzielle Lage ein Grund, denn ihre Firma war im Bau, die Kosten waren unberechenbar gestiegen und mit meinem Weggang in die USA hätten sie mich weiter finanziell unterstützen müssen. Mit der Ausbildung bei der Bank aber verdiente ich mein eigenes Geld, was für alle Seiten eine Entlastung bedeutete. Unabhängig von der Entscheidung meiner Eltern hatte sich in diesen entscheidenden Wochen etwas in mir bewegt. In den hitzigen Diskussionen und Streitereien um meinen Werdegang merkte ich immer mehr, dass mein ursprünglicher Berufswunsch, Drogistin oder Apothekerin, wohl doch nicht so viel Feuer in mir entfachte wie erwartet. Erst recht merkte ich, dass in mir keine Leidenschaft für einen USA-Aufenthalt brannte. Sicherlich wäre es schön gewesen. Doch zuhause zu bleiben, bei meiner Familie, meinen Freunden und meinem Freund, hatte eben auch seine Vorteile. Recht bald spürte ich, dass mir die Aufregung und der Ärger es nicht wert waren.

Meine anfängliche Rebellion, wegen der gefühlt etwas übergriffigen Entscheidung meines Vaters für eine kaufmännische Ausbildung, wich einer konstruktiveren Haltung.

Ich begann meinem Vater aktiv zuzuhören. Seine Argumentation für eine kaufmännische Ausbildung machte zunehmend Sinn. Aus seiner Perspektive war eine solche Ausbildung eine gute Grundlage, um darauf das weitere Erwerbsleben aufzubauen. In dieser Ausbildung erarbeitete man sich ein Grundwissen, welches im weiteren Verlauf für jede Arbeitsstelle wertvoll sein kann. Diesen Gedankengang konnte ich immer mehr nachvollziehen und ich begriff, dass mein Vater nur das Beste für mich und meinen Weg wollte.
Als die Entscheidung für die Ausbildung zum Bankkaufmann – wie es damals noch hieß – gefallen war, machte ich recht bald meinen Frieden damit. Schon als Kind hatte ich gerne Post gespielt und Papiere abgestempelt. Mathematik fiel mir immer leicht und am Ende einer Rechnung das richtige Ergebnis stehen zu haben, erfüllte mich schon in der Schule mit einer wohligen Zufriedenheit. Vielleicht hätte es mir noch mehr Spaß gemacht, mich den ganzen Tag mit Beautyprodukten oder der Gesundheit anderer Leute zu beschäftigen. Doch die Vorteile der kaufmännischen Ausbildung lagen für mich mittlerweile auf der Hand.

Schon damals hatte ich schließlich die Gabe, das Schöne in den auf den ersten Blick unschönen Dingen zu finden.

Reizvoll war die Ausbildung ebenso aus einer anderen Perspektive: der Hauptsitz der Bank war in Ludwigsburg, einer größeren Stadt. Sie war ein großes Unternehmen in einem eindrucksvollen Gebäude. Für mich als Dorfkind beeindruckend. Es erfüllte mich auch mit Stolz, als eine von 40 Auszubildenden dort meine Lehre zu beginnen und das Durchlaufen der unterschiedlichen Abteilungen mit ihren diversen Themen fand ich mehr als spannend.
Aus diesem Hin und Her um meine erste Ausbildung ergab sich für mich rückblickend betrachtet ein wichtiges Learning.

Es hat mir gezeigt, dass ich genau spüre, was mein Weg ist. Aufkommende Irritationen können mir dabei helfen, mich auf die richtige Spur zu bringen. Je weniger ich im Kampf mit den äußeren Umständen stehe, desto leichter kann mir das gelingen.

Wenn meine Liebeskraft groß genug gewesen wäre, hätte ich mich gegenüber meinem Vater durchgesetzt und wäre Drogistin geworden oder in die Apotheke gegangen. Hätte ich es nicht geschafft, mich im richtigen Moment von meinem anfänglichen Protest und meiner Rebellion zu verabschieden, hätte ich vermutlich nicht erkannt, dass die kaufmännische Ausbildung für mich der erste richtige Schritt war.

Zudem habe ich gelernt, dass ich nahezu alles lieben lernen kann.

Auch wenn ich es im ersten Moment verabscheue. Das gilt vielleicht auch für dich. Nimm dir doch jetzt mal einen Moment Zeit und übe dich darin. Schreibe dir zum Beispiel zehn Dinge auf, die du nicht magst und wende sie ins Positive. Frage dich: „Was kann ich jetzt denken oder tun, damit ich es lieben kann?" Du wirst sehen: anfänglich ist dieses Vorgehen vielleicht schwer, doch bei jedem Punkt wird es dir leichter fallen.

Über einen weiteren Eckpfeiler in meinem Lebenslauf möchte ich dir an dieser Stelle noch berichten: mit ca. 40 Jahren stieg ich in das Unternehmen meiner Eltern ein. Schon früher hatte ich immer wieder mitgeholfen, zum Beispiel bei Messen. Natürlich bekam ich auch privat viel von der beruflichen Situation meiner Eltern mit. Beispielsweise wenn sie sich beim gemeinsamen Abendessen noch zu einem Kunden austauschten. In der Firma fühlte ich mich daher wie zuhause. Ich kannte die Namen der Kunden, wusste, was unsere Maschinen machten, wie die Produktionsabläufe sind. Die Einarbeitungszeit verlief entsprechend kurz und alles fiel mir leicht. Das machte mich rundum glücklich. Zu meinen Tätigkeiten in der Firma passte meine dreimonatige Weiterbildung zum Controller, die ich nebenberuflich absolvierte.

Als ich erfuhr, dass meine Eltern ihr Unternehmen verkaufen wollten, kam eins zum anderen. Spontan und aus vollstem Herzen entschied ich, die Firma zu übernehmen. Auch wenn ich nichts hatte, um dieser Verantwortung objektiv betrachtet gerecht werden zu können. Ich hatte kein Abitur, kein Studium, keine technische Ausbildung, kein Geld und keine Erfahrung. Was ich aber im Übermaß hatte, war der Enthusiasmus und die Leidenschaft, um das Unternehmen weiterzuführen.

Vollkommen im Hier und Jetzt malte ich mir keine Zukunftsperspektiven aus, sondern folgte meinem Herzen. Ich baute einen derartigen Sog auf, der alle Beteiligten mitriss.

Mein Vater war von meiner Entscheidung begeistert. Mein Partner versprach sofort, mich in meinen Plänen zu unterstützen. Weder Steuer- noch Bankberater oder sonstige Beteiligte äußerten auch nur einen Moment Zweifel, dass mein Vorhaben zu überengagiert sei oder ich scheitern könnte. Mein Umfeld wurde von meiner Energiewelle einfach mitgetragen. Denn wenn du liebst, was du tust, dann kannst du solche Wellen erzeugen und alle anderen mit deiner Begeisterung anstecken. Vor mein geistiges Auge schiebt sich in solchen Situationen immer ein Bild aus der Bibel: die Meerteilung durch Moses.

Geh in Liebe auf etwas zu und es bahnt sich ein Weg durch alle Umstände und Widerstände. Die Wunder, die dich dabei erwarten, werden dich zum Staunen bringen. Es entstehen Dinge, die es vorher noch nie gab.

Wer eine Karriere starten möchte, bereits eine macht oder aber am Ende seiner Laufbahn steht, kann durch gewisse Fallstricke ins Straucheln geraten. So geschah es auch bei mir. Welche genau das sind und wie es gelingt, sich daraus zu befreien, erfährst du im weiteren Verlaufe des Buches.

Job-Hopping und Berufswechsel

Meine Generation ist eine Generation der Beständigkeit. Vor allem im Beruf. Ältere Menschen kennen es nicht anders: sie machten eine Lehre und arbeiteten danach in diesem Beruf bis zur Rente. Meist sogar im gleichen Unternehmen. Bei den Jüngeren ist mehr Flexibilität vorhanden. Arbeitsstellen werden häufiger gewechselt. Auch der Schritt in ein komplett neues Berufsfeld ist heute keine Seltenheit mehr. Dabei bleibt bei vielen jedoch die Sorge, dass dies auf neue Arbeitgeber sprunghaft wirken könnte. Mancher, der sich meinen Lebenslauf anschaut, wird sich eventuell das gleiche denken. Und um ehrlich zu sein: nicht selten kam ich mir sogar selbst zu sprunghaft vor und zweifelte an mir. Aber aus heutiger Sicht kann ich dir sagen, dass mein Werdegang in der Rückschau mehr als schlüssig ist und ich nur deshalb so weit gekommen bin, weil ich viele Stationen durchlaufen habe.

Beständig ging es bei mir zunächst los. Meine Grundschulzeit zog ich direkt in einem Stück durch. Als ich aber ein Jahr lang auf der Hauptschule war, wechselte ich auf die Realschule. Diese beendete ich mit einem sehr guten Abschluss. Zu dieser Zeit hatte ich erstmal genug vom Schulbank drücken und entschied mich zu einer Lehre als „Bankkaufmann". Doch schon in der Ausbildung zeichnete sich ab, dass mich dieser Beruf nicht erfüllen würde. Wenig überraschend arbeitete ich nach Ausbildungsabschluss nicht mehr lange am Schalter. Ich nutzte meinen damaligen Nebenjob als Sprungbrett. Das war in einem Modehaus, in dem ich drei Fliegen mit einer Klappe schlug. Ich hatte Spaß an Mode, verdiente Geld und durch den Mitarbeiterrabatt bekam ich Vergünstigungen. Eine Win-Win-Situation.

Nach meinem Ausstieg bei der Bank erhielt ich die Chance, eine kleine Abteilung für junge Mode in diesem Kaufhaus zu leiten. Doch dieser Karriereschritt fand bereits vier Wochen später ein jähes Ende. Mit nur 21 Jahren wurde mein Leben von heute auf morgen durch die Diagnose „Rheuma" auf den Kopf gestellt. Die Erkrankung führte zu riesigen Problemen im Job. Im Modehaus hatte ich vor allem stehende Tätigkeiten auszuführen. Immer häufiger stand ich zwischen den Kleiderstangen und wusste vor lauter Schmerzen nicht, wie ich den nächsten Schritt tun sollte.

Durch meine Erkrankung erfuhr ich früh, was es bedeutet, wenn manche Dinge plötzlich anders sind als geplant.

Ich hatte keine Wahl. Ich konnte die Erkrankung nicht rückgängig machen oder aus meinem Leben verbannen. Im Gegenteil, ich musste lernen mit ihr zu leben. Gleichzeitig brachte mir diese Wendung einen wichtigen Lerneffekt. Zum einen stellte ich mir plötzlich die Frage: was, wenn ich Veränderungen aktiv aus mir heraus gestalten kann? Das würde bedeuten, dass bereits getroffene Entscheidungen widerrufbar waren. Und das führt letztendlich zu dem Schluss, dass – egal welche Entscheidung getroffen oder welche Richtung eingeschlagen wird – nichts Schlimmes passieren kann. Im schlimmsten Fall muss eine Entscheidung revidiert werden und das, was ich mir aufgebaut habe, findet zunächst ein Ende.

Beflügelt wurde diese Erkenntnis dadurch, dass mir mit der Diagnose schlagartig die Endlichkeit des Lebens bewusstwurde. Allein durch dieses Wissen wurde einiges in meinem Leben relativiert. Dinge, die wichtig oder erstrebenswert schienen, waren es auf einmal nicht mehr.

Stattdessen wurde mir klar, was ich wirklich bis zu meinem Lebensende haben wollte:

Lust und maximale Freude an meinem Leben.

Egal, was mich erwarten sollte, alle gesammelten Erfahrungen zahlen auf mein imaginäres Konto namens "ich habe ein schönes, erfolgreiches Leben", ein. Diese Grundhaltung navigierte mich durch alle Höhen und Tiefen der vergangenen Jahre. So auch, als mich ein weiterer Schicksalsschlag erschütterte. Eine Verwandte starb mit nur 19 Jahren bei einem tragischen Unfall. Sie hinterließ nicht nur in unseren Herzen und unseren Leben eine gähnende Leere. Auch im Geschäft ihres Vaters fehlte sie enorm. Denn sie schmiss in ihrem jungen Alter bereits das Büro seines Handwerksbetriebs mit rund 40 Angestellten. Dieser Schicksalsschlag führte für mich zu einer beruflichen Wendung: da ich meinen Job nicht mehr ausführen konnte und in dem Unternehmen dringend eine Bürokraft benötigt wurde, übernahm ich diese Stelle. Die Einarbeitungszeit war dabei alles andere als leicht. Die gesamte Belegschaft trauerte. Es war kaum jemand da, der sich im Büro auskannte, so dass ich nur wenig Anleitung hatte.

Diese Phase war rein menschlich betrachtet eine meiner größten Herausforderungen.

Obendrein wurde ich mit der Aufgabe betraut, in Kürze eine Auszubildende anzuleiten. Rein formal fehlte mir hierfür der Ausbilderschein. Daher organisierte ich mir eine Sondergenehmigung von der IHK. Im Verlauf meiner fünf Jahre in diesem Betrieb spielte sich alles nach und nach ein. In einer Phase, in der es objektiv betrachtet nicht besser hätte laufen können, sehnte ich mich plötzlich nach einer Veränderung. Dabei ging es mir nicht um ein besseres Einkommen. Ich verdiente bereits gut, hatte einen Firmenwagen und konnte mich wirklich nicht beschweren. Vielmehr ging es mir darum, etwas Anderes kennenzulernen, etwas Neues zu wagen und erfolgreicher zu werden.

Zu dieser Zeit boomte gerade die Immobilienbrache. Ich versuchte einen Fuß in die Tür zu bekommen, was mir erstaunlich leicht viel. Ein großes Maklerunternehmen in Stuttgart stellte mich als Direktionsleitung ein und mit einem Schlag hatte ich sechs Sekretärinnen zu führen. Perfekt für mich, denn ich konnte nun diktieren, musste nichts selbst schreiben und lediglich meine Unterschrift unter Papierstücke setzen. Am Rande war ich auch mit dem Immobilienverkauf befasst, denn es gehörte zu meinen Aufgaben mich um die Abwicklung und Finanzierung zu kümmern. Meine kaufmännische Ausbildung kam mir dabei zugute.

Objektiv betrachtet gab mir dieser Job alles, was ich mir erhoffte. Doch rein gesundheitlich ging es mir wieder schlechter. Anfangs versuchte ich es auszublenden. Dennoch habe ich mich schließlich dazu entschlossen zu gehen. Zum Leidwesen meines Chefs, der mich absolut nicht gehen lassen wollte.

Letztendlich hatte mir meine Krankheit gezeigt, dass ich mich gerade auf einem Holzweg befinde.

Und so ist es bis heute: meine Krankheit hat sich als wichtiger Marker in meinen Entscheidungsprozessen bewährt.

Als ich nach der Kündigung die Tür zum Büro schloss, überkam mich ein Gefühl der Leichtigkeit. Sofort ging es mir körperlich deutlich besser. Auf der Straße wurde ich wegen meines Strahlens im Gesicht sogar angesprochen. Ich musste fast lachen. Wenn der Passant von meiner Situation erfahren hätte, wäre er sicherlich sehr verwundert gewesen. Schließlich hatte ich gerade meinen Job hingeschmissen und keine Ahnung wie es nun weitergehen sollte. Doch die rheumatischen Symptome verbesserten sich von Tag zu Tag. Kurz darauf tat sich die nächste Station für mich auf. In einer Kompaktausbildung ließ ich mich zur Versicherungsberaterin ausbilden. Doch es war ein Job mit zeitnahem Ablaufdatum. Mein Chef aus dem Immobilienbüro in Stuttgart rief bei mir an, um sich nach meinem Zustand zu erkundigen. Mir ging es wieder gut und das Telefonat endete mit meiner Zustimmung, wieder zurück zu meiner alten Stelle zu kommen.

Mit meiner Schwangerschaft wurde dann ein weiteres Kapitel in meinem Leben aufgeschlagen. Es war schön, Mutter zu sein. Doch begann mein damaliger Partner ein Unternehmen aufzubauen und bat mich um meine Unterstützung. So arbeitete ich während meiner Elternzeit für ihn und gleichzeitig auch für seinen Bruder, der in der Automobilbranche tätig war.

So ging das ganze zehn Jahre. Als mein Sohn den Übertritt auf das Gymnasium machte, entwickelte sich in mir eine neue Idee. Ich spielte mit dem Gedanken, in das Geschäft meiner Eltern einzusteigen und es irgendwann zu übernehmen. Gesagt, getan.

Wer nun glaubt, dass all diese Wechsel leicht für mich waren, hat weit gefehlt.

Jeder nächste Schritt war geprägt durch massive Zweifel. Meine größte Hürde war ein Glaubenssatz, den ich von meinen Eltern übernommen hatte: „Wenn ich etwas anfange, dann bringe ich es zu Ende". Mein vermeintliches Verantwortungsbewusstsein quälte mich. Bei jeder Station meines Berufslebens ließ ich Menschen zurück. Ich fragte mich, ob ich diese hängen ließ, wenn ich gehe. Meine Selbstzweifel liefen zur Höchstform auf. Häufig fragte ich mich, ob meine euphorischen Ideen nur ein Strohfeuer sind, das bei nächster Gelegenheit wieder erlischt. Ich zweifelte an meiner Zuverlässigkeit, denn aus meiner Sozialisierung heraus waren häufige Jobwechsel ein Zeichen der Unzuverlässigkeit. Ich haderte, ob ich die geweckten Erwartungen auch erfüllen konnte.

Letztendlich stand hinter all diesen Gedanken auch ein Irrglaube. Lange Zeit habe ich nicht verstanden, dass ich in meinem Leben machen kann, was ich will. Vielmehr ließ ich mir von anderen diktieren, was ich zu tun hatte. Zu sehr wollte ich diesen Menschen gerecht werden. Auch meinen Eltern, obwohl diese mich bei der Verwirklichung meiner Ideen vollauf unterstützt haben. Dieser Irrglaube brauchte lange, um sich aufzulösen. Doch alle beruflichen Etappen halfen mir enorm dabei.

Die größten Learnings aus meinem Werdegang:

Wenn ich auf meine Biografie zurückblicke, muss ich ehrlich sagen: ich hatte kaum klassische Referenzen oder Qualifikationen für einen meiner Jobs. Und trotzdem haben sich angesehene Immobilienfirmen um mich als Mitarbeiterin gestritten. Was denkst du, wieso? Das Geheimnis, welches so viele Menschen unterschätzen, lautet: die Entscheidung für eine:n Mitarbeiter:in ist letztendlich eine Personenwahl. Entscheider:innen wählen in Bewerbungsgesprächen in der Regel nicht die Qualifikation, sondern die Persönlichkeit und Ausstrahlung der Person, die vor ihnen sitzt.

Mir gelang es stets einen Sog aufzubauen, der bewirkte, dass ich den Job bekam, den ich haben wollte. Meine innere Einstellung war:

Ich kann das, was du brauchst und wenn nicht, werde ich es lernen. Und ich werde dich und mich so viel weiter bringen, als du es dir im Moment vorstellen kannst.

Wenn du, liebe:r Leser:in, gerade vor dem Schritt eines Job- oder Berufswechsels stehst, rate ich dir folgendes: mach deine Augen zu und träume! Entwickle eine Vorstellung davon, wie dein Berufsleben künftig aussehen soll und wie es sich anfühlen wird. Spüre tief hinein, ob sich ein wohliges, warmes Gefühl der Liebe in dir breitmacht. Erst wenn du das spürst, ist deine Vision rund und wird zu deinem konkreten Ziel. Genau diese vollständig entwickelte Vision hegst und pflegst du, bis sie Wirklichkeit wird. In dir entsteht eine Klarheit, Energie, eine Haltung und Ausstrahlung, die auch nach außen wirkt und anzieht.

Wenn du es schaffst, dich vollkommen auf dein Ziel auszurichten, dann wird deine Vision immer klarer und kraftvoller und letzten Endes sogar schöner, als du es dir je erträumen konntest.

Eine solche Vision entwickelt sich meistens nicht von heute auf morgen. Es ist ein Prozess. Gib nicht auf, wenn sich deine Vision noch nicht stimmig anfühlt.

Manchmal braucht es noch einen Impuls von außen. Zum Beispiel ein gutes Gespräch mit einem anderen Menschen oder einen einzelnen spontanen Gedanken, der den ausschlaggebenden Funken gibt. In manchen Fällen braucht es schlicht auch noch ein wenig Zeit. Bestimmte Visionen sind bei mir erst im Alter von 56 Jahren wahr geworden, obwohl ich schon seit fast 30 Jahren darauf hinträumte. Doch sei dir sicher: irgendwann erhältst du eine „Liebesexplosion", die dich einen wesentlichen Schritt weiterbringen wird. Sei in der Zwischenzeit offen und halte Ausschau.

Ein weiteres Learning aus meinem Werdegang ist, dass ein Lebenslauf auch immer ein Indiz dafür ist, was eine Person in seinem Leben an Situationen und Herausforderungen bewältigt hat. Es lohnt sich daher, den Blick weg von den reinen Qualifikationen zu lenken. Denn für keinen Job ist ausschließlich die Fachkompetenz gefragt. Soft Skills entwickeln sich nicht durch Auszeichnungen oder Abschlüsse. Sie können sich in jeder Lebenssituation entwickeln – beruflich wie privat.

An dieser Stelle daher eine weitere kleine Übung für dich: nimm dir etwas Zeit und schreibe in Ruhe deinen Lebenslauf nieder – ganz ohne deine beruflichen Stationen und Zertifikate zu berücksichtigen. Konzentriere dich ausschließlich auf deine „unbescheinigten" Talente und Fähigkeiten.

Ein Beispiel:
Meine Stärke war schon immer, gute Laune zu verbreiten. Damit meine ich nicht, dass ich wie ein Clown die Leute zum Lachen bringe. Vielmehr schaffe ich es, in angespannten Situationen mich und mein Umfeld wieder in die Lockerheit zu bringen und die Schwere der Lage zu lösen. Daraus ergibt sich eine Lösungsorientiertheit, die vorher nicht möglich war.

Folgende Fragen sollen dir bei der Entwicklung deines Lebenslaufs helfen:

- Worauf bin ich stolz in meinem Leben?
- Welche Situationen waren herausfordernd?
- Wie und warum habe ich diese Situationen bewältigt?
- Welche Fähigkeiten und Kompetenzen habe ich daraus entwickelt?

Solch ein Lebenslauf ist der optimale Start für eine berufliche Veränderung. Auf diese Weise kannst du Selbstvertrauen aufbauen und dieses in Bewerbungssituationen nach außen wirken lassen.

Wie du merkst, wann eine berufliche Veränderung vonnöten ist und wie dieser Wechsel optimal gelingt:

Bei dir stellen sich die sprichwörtlichen Nackenhaare auf, wenn du an deine jetzige berufliche Situation denkst? Du empfindest bei dem Gedanken an deine Arbeit eine Schwere auf dir lasten? Schleicht sich eine bestimmte Idee immer wieder in deine Gedanken? Dann sind das deutliche Zeichen dafür, dass eine berufliche Veränderung sinnvoll ist. Verlasse dich in diesem Veränderungsprozess auf dein Gespür und hab Vertrauen. Du weißt tief in dir genau, wann es Zeit ist zu gehen. Andersherum ist auch das Wissen, in welche Richtung es dich ziehen wird, zumindest unterschwellig, bereits da. Siehst du eine Stellenausschreibung oder ein Unternehmen und du empfindest Leichtigkeit und Freude – dann ist es genau das Richtige für dich.

Seit einiger Zeit begleite ich als Mentorin eine Controllerin in der Bewerbungsphase. Ihr großes Ziel war es, einen Job in einem ganz bestimmten Unternehmen zu ergattern. Sie bewarb sich dort und wurde aufgrund ihrer Qualifikation eingeladen. Das Gespräch verlief jedoch nicht wie erhofft. Sie erhielt eine Absage.
Gemeinsam reflektierten wir die Situation. Sie war unfassbar enttäuscht. Trotz der Absage spürte sie noch immer tief in sich, dass der Job bei diesem Unternehmen genau das Richtige für sie war. Ebenso war sie restlos überzeugt davon, dass sie die Richtige für die

Stelle ist. Sie hatte nun also zwei Optionen.

Die erste lautete, die Sache auf sich beruhen zu lassen. Die zweite aber war, bei dem Unternehmen anzurufen und die Karten auf den Tisch zu legen.

Sie entschied sich für Option zwei und rief erneut bei dem Unternehmen an. Wie besprochen transportierte sie folgende Grundhaltung: „Jemand besseren als mich könnt ihr für diesen Job nicht finden!"

Zwei Wochen später war die Stelle erneut ausgeschrieben. Sie warf erneut ihren Hut in den Ring – diesmal mit Erfolg. Sie hatte das Unternehmen von ihrer Leidenschaft und ihrem Willen überzeugt. Ausdauer, Beharrlichkeit und Offenheit kommt meist erst zutage, wenn der erste Anlauf nicht sofort funktioniert. Es kann also durchaus von Vorteil sein, wenn es zwei oder drei Anläufe braucht, bis sich der erwünschte Erfolg einstellt. Denn genau diese Gelegenheiten geben einem Gründe zu wachsen und sich zu beweisen. Dafür gilt es, sich selbst neue Chancen zu eröffnen und die gegebenen Chancen zu ergreifen.

Vor kurzem hatte ich in meinem Unternehmen selbst eine Stelle ausgeschrieben. Einen Bewerber luden wir zur Probearbeit ein. Gegenüber einem meiner Mitarbeiter erwähnte er, dass er sich extra krankschreiben ließ, um das Probearbeiten wahrnehmen zu können. Was wohl als besonderes Engagement ausgelegt werden sollte, bewirkte bei mir genau das Gegenteil. Ich erteilte ihm eine Absage mit der Begründung, dass Ehrlichkeit und Zuverlässigkeit in meinem Unternehmen an oberster Stelle stehen.

Auch diese Person hätte auf unterschiedliche Art reagieren können. Stattdessen entschied er sich, gar nicht zu reagieren. Bis heute habe ich von ihm nichts mehr gehört. Anders wäre es gelaufen, hätte er mich um ein Gespräch gebeten. Er hätte sich entschuldigen und seine Beweggründe erläutern können. Diese Chance hätte ich ihm ohne Weiteres gegeben. Und wenn dieses Gespräch gut verlaufen wäre, hätte ich ihn vielleicht sogar eingestellt.

Es gibt nicht viele großartige Persönlichkeiten. Tür und Tor stehen lediglich für diejenigen offen, die ein Quäntchen mehr Herzblut, Engagement und Offenheit einbringen.

Mit seiner ausbleibenden Reaktion schoss der Bewerber sich vollständig ins Aus. Er hatte damit bewiesen, dass er nicht in mein Unternehmen passen würde. Viele Führungskräfte ticken in dieser Hinsicht wie ich. Sie achten nicht nur auf Fachkompetenzen, sondern sehen die Person mit all ihren Fähigkeiten und Soft Skills. Erfolgreiche Unternehmer agieren entsprechend ihrer Werte und wenden sich nicht ab, nur weil der oder die Mitarbeiter:in oder Bewerber:in einen Fehler gemacht hat. Eine zweite Chance ist immer möglich, Offenheit und Ehrlichkeit vorausgesetzt.

„Nicht dienliche" Beweggründe für eine Karriere

Hinter einer Karriere verstecken sich unterschiedliche Beweggründe, die einem mehr oder weniger bewusst sind. Viele reden hier von richtigen und falschen Beweggründen. Dieses Wording entspricht allerdings nicht meinem. Ich unterteile eher in dienliche und nicht dienliche Beweggründe. Warum? „Falsch" und „Richtig" sind letztlich Bewertungen, die von außen getroffen werden, allerdings dem Außenstehenden nicht zustehen. Wenn ein Motiv dich in Bewegung bringt, kann es aus deiner Perspektive erstmal nicht falsch sein. Manche Menschen gehen in ihrer Karriere sprichwörtlich über Leichen. Für viele Menschen ist das falsch. Aus Sicht der Agierenden aber kann dies zielführend und sinnvoll sein.

Ich möchte dir zeigen, wie du aus dienlichen Beweggründen heraus den Weg zu deinem Ziel leicht und voller Liebe gestalten kannst. Mein Motto lautet: nicht über Leichen, sondern mit tanzenden Menschen gehen. Damit meine ich Menschen, die sich mit mir gut und wohlfühlen. Meiner Erfahrung nach führen Widerstände und ein ständiger Kampf nicht ans Ziel. Wer zum Gipfel des Berges zielt, hat damit vielleicht eine Chance. Doch wer die Sterne erreichen möchte, kann einen leichteren Weg wählen. Auf diesem Weg heißt es

Kooperation statt Konkurrenz, Liebe statt Verbissenheit. Wer letzteres wählt, schadet über kurz oder lang sich selbst.

Vor einiger Zeit fragte ich eine Bekannte, wie es bei ihr in der Arbeit lief. Sie berichtete mir ganz aufgelöst von einem Burn-Out. Zudem hang sie über Wochen im Krankenhaus an Schläuchen, nachdem sie ein Jahr zuvor einen Magendurchbruch erlitten hatte. Diese Frau hatte von außen betrachtet einen tollen Job und ein ordentliches Gehalt. Für viele schien sie erfolgreich zu sein.

Erfahrungen wie diese sollten stutzig machen. Kein Mensch dieser Erde könnte mir genug Geld bezahlen, dass ich diesen Preis – meine Gesundheit – in Kauf nehme. Denn für mich gehört zum erfolgreich sein auch gesund zu sein. Ohne Gesundheit stehe ich nicht voll in meiner Kraft. Ob ich mich für dienliche oder nicht dienliche Beweggründe entscheide, hat viel mit der eigenen Haltung zu tun.

Denn Widerstände sind nur da, wo ich sie sehe.

Umgekehrt bedeutet das, wenn ich keinen Widerstand sehe, ist auch keiner da. Das nennt man die Physik der Energie. Habe ich das Bild in mir, dass die beste Aussicht erst nach einem harten Aufstieg kommt? Dann wird sich dieses Bild bewahrheiten. Habe ich aber ein Bild voller Leichtigkeit und Liebe und meiner wichtigsten Werte in mir, dann wird dieses unvermeidlich. Danach braucht es nur noch eine Entscheidung. Im Grunde eine ganz-oder-gar-nicht-Entscheidung. Entweder führt der eigene Weg entlang der eigenen Werte oder aber man bleibt stehen, orientiert sich neu und schlägt eine andere Richtung ein, die den eigenen Werten entspricht.

Für mich ist der höchste Wert in meinem Leben die Liebe. Ich mache etwas mit Liebe oder gar nicht. Es gibt kein dazwischen. Aus meiner Sicht ist Liebe der dienstlichste Beweggrund für eine Karriere.

Toxische Wirkung

Der Begriff „toxische Beziehung" hat sich in den letzten Jahren im allgemeinen Sprachgebrauch verfestigt. Das Wort „toxisch" kann übersetzt werden mit „giftig" oder „schädlich". Spricht man von toxischen Beziehungen, dann sind Menschen oder Beziehungskonstellationen gemeint, die uns in irgendeiner Art nicht guttun. Höre ich diesen Begriff, kommt mir sofort ein Sprichwort in den Sinn: „Die Dosis macht das Gift." Wo eine kleine Dosis Heilung bringt, kann eine große Dosis tödlich sein. Auf der Bandbreite zwischen diesen beiden Polen spielen sich Beziehungen und Situationen ab. Die Krux an dieser Sache ist, dass das Bewusstsein für die Wirkung der Dosis oft nicht ausgeprägt genug ist.

Auch wenn uns gewisse Dinge eine Weile gutgetan haben, so kann sich das irgendwann ändern.

Wenn es mir Spaß macht, mit hohen Summen zu jonglieren oder den Großteil der Woche auf Geschäftsreise zu sein, so kann so kann sich das auch nach und nach oder ganz plötzlich verändern. Wenn die Summen immer höher werden oder die Geschäftsreisen immer häufiger, dann erhöht sich sozusagen die Dosis des Gifts. Was früher eine positive Wirkung auf mich hatte und mich beflügelte, artet nun zu Stress und Unwohlsein aus. Nach und nach vergiftet es Körper, Geist und Seele. In den meisten Fällen geschieht das zunächst unbewusst. Vergleichbar wie mit dem Trinken oder Rauchen. Anfangs ist es ein Glas Wein in der Woche, dann pro Tag, plötzlich sind es schon zwei Gläser am Abend.

Solche Veränderungen bei sich zu bemerken und einzugestehen, kann eine große Herausforderung sein. Wie also erkenne ich solche Vergiftungserscheinungen?

Das erste Signal dafür ist die eigene Wortwahl. So einfach das klingt, in der Praxis kann sich das Überdenken und Steuern der eigenen Kommunikation schwierig gestalten. Denn auf die Wortwahl zu achten ist in unserer Gesellschaft nicht sehr geläufig. Unser Sprachgebrauch ist eher unreflektiert und wir sind nicht geübt darin, diesen Bereich bewusst zu steuern. Die Voraussetzung dafür ist, sich auf die Metaebene zu begeben. Wie ein Vogel von oben auf die Wiesen schaut, so betrachte ich nun meine Sprache von dieser anderen Perspektive aus. Stelle ich dabei fest, dass ich oft „müssen“ oder ähnliche Worte gebrauche, ist das der erste Hinweis auf eine Vergiftungserscheinung.

Unsere Sprache ist eine Art Fährte, die mich näher an meinen Befindlichkeitszustand heranbringt.

Mit der Zeit erkenne ich an meiner Wortwahl, ob ich mich wohlfühle oder eben nicht. Um diese Art von Vergiftungserscheinung wahrzunehmen, bedarf es viel Übung. Ein klassischer Hinweis auf eine Vergiftung ist der rein physische Zustand. Wenn ich häufig erschöpft oder krank bin, von Sonntag- bis Donnerstagnacht unter Schlafproblemen leide, Stimmungsschwankungen habe oder mich ständig unwohl fühle, sollte ich meine Lebensumstände und Beziehungen hinterfragen. Denn solche Befindlichkeitsstörungen weisen deutlich auf toxische Wirkungen hin. Es zeigt, dass ein vermutlich bereits längerer Kampf in mir stattfindet.

Bemerke ich meine Vergiftungserscheinungen nicht oder ignoriere ich sie, holt mich das irgendwann ein.

Mit der Zeit wird die Vergiftung immer stärker, schädlicher und reißt nicht nur einen selbst, sondern häufig auch Beteiligte mit in das Chaos. Dies musste ich auf harte Art lernen: die spätere Zusammenarbeit in dem Unternehmen meines Vaters verlief alles andere als reibungslos. Das lag nicht nur am prekären Zustand der Firma. Es lag vor allem an meinem Vater und mir. Beide hatten wir das gleiche Ziel, nämlich unsere Firma zu retten. Doch die Wege, wie wir dies erreichen wollten, hätten nicht unterschiedlicher sein können.

Dies wurde allzu deutlich, als mein Vater nach einem zweimonatigen Aufenthalt wieder zurück aus Südafrika kam. In den vergangenen Wochen hatte sich einiges getan und ich war grundsätzlich zufrieden mit unserem Fortschritt. Nicht jedoch mein Vater. Er hinterfragte sämtliche Schritte, die wir – und insbesondere ich – in seiner Abwesenheit getan hatten. In diesem Moment nahm das über Wochen und Monate gewachsene Gefühl, dass er meine Arbeit boykottierte, überhand. Sein Weg zur Rettung der Firma lief vor allem über Kontrolle. Er beobachtete alles streng und diktierte mir, was getan werden musste. Zu groß war seine Angst, dass ich allein das Unternehmen nicht wieder auf Kurs bringe. Dem gegenüber standen jedoch mein Tatendrang, meine Ideen, meine Pläne, die allerdings einen hohen Grad an Freiheit bedurften.

Nach Wochen und Monaten der harten Arbeit und der Machtkämpfe mit meinem Vater, war nun eine neue Eskalationsstufe erreicht. Ohne ein weiteres Wort ging ich in mein Büro, holte meine Tasche und verließ die Firma. Dringend brauchte ich Abstand und Luft zum Atmen. Ich wollte meine Gedanken sortieren und vor allem eine Entscheidung treffen. Denn dass die Situation auf Dauer mich, meinen Vater und letztendlich auch die Firma kaputt machen würde, war inzwischen offensichtlich. Mein Vater und ich liebten uns und die Firma – das wusste ich aus tiefstem Herzen. Aber in der Sache kamen wir leider nicht auf einen Nenner.

Zwei Tage später telefonierte ich mit meinem Vater und teilte ihm mit, dass es so aus meiner Sicht nicht mehr weitergehen konnte. Ich schlug ihm vor, dass nur einer von uns beiden in der Firma blieb und wir gemeinsam diese Entscheidung treffen würden. Da auch er die Situation erkannte, stimmte er meinem Vorschlag zu und gemeinsam beschlossen wir, dass er sich aus der Firma zurückziehen würde. Auch, wenn uns dieses Gespräch nicht leichtgefallen ist, erkannten wir, dass auch das Liebe ist. Weder wollten wir beide an der Situation zerbrechen, noch wollten wir dem Unternehmen damit schaden. Also galt es schwierige Entscheidungen zu treffen und diese auch umzusetzen.
Rückblickend war diese Erfahrung ein wichtiger Lernbaustein für mich. Mein Vater hatte mir unbewusst geholfen, über mich hinaus zu wachsen. Heike, die immer durchs Leben tanzte und niemals auf Konfrontation ging, wurde in diesem Moment zur Unternehmerin. Dieser Moment war einer der wenigen in meinem Leben, in dem ich keinen Millimeter von meiner Meinung und meiner Entscheidung abrückte. Meine Schmerzgrenze war erreicht und daraus zog ich meine

Konsequenz, ohne Kompromisse.

Allerdings möchte ich sagen, dass die meisten Situationen in meinem Leben keine solch harte, konsequente Herangehensweise erfordern. Die Erklärung dafür ist ganz einfach.

Je gelassener und kraftvoller ich bin, desto verträglicher werden die Wege für alle Beteiligten.

Im Falle der Unternehmensübergabe von meinem Vater auf mich, wurden nach und nach so viele Eskalationsstufen genommen, dass wir beide am Limit waren. Dennoch haben wir es geschafft. Je weiter Situationen eskalieren, desto schwieriger wird das Finden von Lösungen, die alle Parteien zufrieden stellen. Je größer der Anteil der Liebe in einer Situation jedoch noch ist, desto größer ist die Chance, sie zum Positiven zu wenden.

Vielleicht hast du dich in den vergangenen Abschnitten an der ein oder anderen Stelle wiedererkannt. Vielleicht fühlst du dich jetzt gerade so, als ob sich Teile von dir, bildlich gesprochen, in Gift zersetzen. Dann mache dir Gedanken, wie du diesen Prozess wieder umkehren kannst:

- Was brauchst du, damit du dich besser fühlst?
- Was kannst du jetzt sofort tun, um den ersten Schritt in Richtung Heilung zu gehen?
- Was hilft dir dabei, wieder in deine Kraft zu kommen?
- Kann ich etwas an der Situation finden, was ich mag, um mir selbst Zeit und Ruhe für die notwendige Klarheit und Entscheidung zu verschaffen?
- Welche Werte möchte ich leben und tue ich derzeit Dinge, die diesen nicht entsprechen? Wie kann ich mich wieder in die Richtung meiner Werte bewegen? Gibt es etwas noch so Kleines, was ich tun kann, das direkt an meinen Werten andockt?

Wenn dir derzeit die Kraft fehlt, dir über all dies Gedanken zu machen, habe ich ein paar konkrete Tipps für dich: tue in jeder freien Minute Dinge, die dir Erholung und Freude verschaffen. Triff Menschen, die dein Herz zum Lachen bringen. Du wirst sehen, dass die toxische Wirkung allein dadurch schon ein bisschen gehemmt wird.

Als Mentorin begleitete ich vor einigen Jahren eine Pädagogin, die in Teilzeit arbeitete. Durch die Krankheit ihrer Chefin geriet sie in die Lage, diese immer wieder vertreten zu müssen. Die Ausfälle ihrer Vorgesetzten wurden immer häufiger und länger, bis es dazu ausartete, dass sie unfreiwillig in eine Führungsposition rutschte. Trotz der Veränderung in ihrer Tätigkeit wurden weder zeitliche noch finanzielle Anpassungen vorgenommen. Das Gehalt blieb und Überstunden waren an der Tagesordnung. Erst im Coaching wurde ihr die Bedeutung dessen in vollem Ausmaß bewusst. Letzten Endes war die Lage für ihre Arbeitgeberin lukrativ, nicht jedoch für sie selbst. Es wurde von ihr verlangt, die neue Situation mit all ihren Schattenseiten hinzunehmen, ohne ihr einen entsprechenden Ausgleich zu bieten.

Ich unterstützte sie, einige Leitfäden für die Gespräche zu erarbeiten, die zwischen ihr und ihrer Arbeitgeberin stattfanden. Eine Einigung kam dennoch aus verschiedensten Gründen nicht zustande. Irgendwann war die Geduld meiner Kundin aufgebraucht und ihre Schmerzgrenze erreicht. Obwohl sie alleinerziehende Mutter von drei Kindern war und noch keine andere Stelle in Aussicht hatte, reichte sie die Kündigung ein. Unsere gemeinsame Arbeit an ihrer beruflichen Situation hatte ihr geholfen, eine Vision zu entwickeln, wie es in ihrer Arbeit aussehen sollte. In zahlreichen Gesprächen mit ihrem Arbeitgeber hatte sie versucht, diese Vision herbeizuführen. Als sich jedoch keine Veränderung abzeichnete, zog sie daraus ihre Konsequenz und führte eine entsprechende Entscheidung herbei. Die Erkenntnis daraus war:

Das Bewusstsein, dass etwas nicht mehr gut für mich ist, sollte einen Automatismus hin zur Veränderung auslösen.

Situationen oder Zustände, die sich schlecht anfühlen, zu ertragen und hinzunehmen, kann eine Weile gut gehen. Jedoch nicht auf Dauer. Der Preis dafür ist am Ende zu hoch.

Gefühl von Müssen

In unserem Sprachgebrauch ist das Wort „müssen“ keine Seltenheit. Einerseits beschreibt es einen vorgegebenen Weg, den ich nicht verändern kann. Andererseits kann es aber bedeuten, dass es uns schwer fällt, etwas zu tun. Unbewusst bauen wir mit dem Gebrauch diesen Wortes jedoch unsichtbare Mauern.

In meiner Jugend wollte ein Bekannter von mir Anwalt werden. Er sagte mir: „Wenn ich als Anwalt arbeiten will, muss ich Jura studieren und ich muss ein Staatsexamen machen.“

Hast du dir schon einmal Gedanken darüber gemacht, was das Wort „müssen“ in dir bewirkt? Wenn nicht, dann setze dich doch mal hin, schließe deine Augen und wiederhole es einige Male in sämtlichen Variationen.

- Ich muss … tun.
- Wir müssen …, um erfolgreich zu sein.
- Um Karriere zu machen, muss ich ….

Spüre dabei in dich hinein, wie es sich anfühlt. Erfüllt es dich mit Leichtigkeit? Oder eher mit Schwere? Erzeugt es ein freies oder ein beklemmendes Gefühl in dir?

Zum Vergleich kannst du die Übung wiederholen und dabei das Wort „wollen“ für dich aussprechen.

- Ich will… tun.
- Wir wollen …, um erfolgreich zu sein.
- Um Karriere zu machen, will ich ….

Merkst du, wie sich dein Gefühl und dein Wohlbefinden ändert?

Wie anders hätte sich mein Bekannter gefühlt, wenn er ein anderes Wording verwendet hätte. Wenn er gesagt hätte: „Ich studiere jetzt Jura, mache mein Staatsexamen und dann will ich als Anwalt tätig sein“.

An der Bedeutung des Satzes hätte sich nichts geändert. Wohl aber in seiner Haltung zum Studium und seiner Berufswahl.

Das Beispiel zeigt, wie leichtfertig und häufig wir den ganzen Tag über mit unseren Worten umgehen. Ich erkläre es mir ein Stück weit durch unsere Historie. Früher hatten Eigenschaften wie Gehorsam, Pflichtbewusstsein und Zuverlässigkeit eine enorme Bedeutung. „Die deutsche Gründlichkeit" ist weit über die Landesgrenzen hinaus ein Begriff. Diese vom Grunde auf schönen Attributen werden leider verkannt, da sich mit der Zeit zu viel Druck dahinter angestaut hat. Es hat sich das Bild verfestigt, dass für diese Eigenschaften etwas getan werden muss und man funktionieren muss. Dies schlägt sich in der Erziehung im Elternhaus, aber auch im Kindergarten und in der Schule nieder. Etwas tun zu müssen, ist somit gleichgesetzt mit Negativität und Widerstand.

Ziehen wir ein Beispiel heran. Eine Lehrkraft gibt ihren Schüler:innen folgenden Auftrag: „Ihr müsst jetzt Seite 8 aufschlagen und die Aufgaben 3 bis 5 erledigen, damit wir zum nächsten Thema übergehen können." Die Reaktion der Kinder kannst du dir ausmalen. Die Lust dieser Anweisung Folge zu leisten wird verschwindend gering sein. Die Kinder gehen in den Widerstand, ohne dass sie überhaupt wissen, wieso.

Ganz anders würden sie sich verhalten, wenn die Lehrkraft ihren Auftrag folgendermaßen formulieren würde: „Kinder, wir haben einige spannende Übungen vor uns, auf Seite 8 geht es weiter." Allein diese Veränderung in der Kommunikation hätte einen komplett anderen Effekt. Die Kinder würden gespannt auf die nächsten Seiten blicken und ihre Motivation wäre geweckt.

Durch das Wort „müssen" in dem ersten Beispielsatz hat die Lehrkraft mit nur einem Wort Druck aufgebaut, den die Kinder unbewusst wahrnehmen. Dabei stellt sich nun die Frage, ob die Lehrkraft das bewusst oder aber unbewusst getan hat.

Viele Menschen benutzen dieses Wording, ohne zu erahnen, was es beim Gegenüber auslöst. Wüssten sie das, würden sie sich vermutlich unwohl fühlen.
Allerdings kann der Einsatz des Wortes auch ganz gezielt erfolgen. Manchen Menschen suggeriert es Macht und Kontrolle über das Gegenüber. Die Farce daran ist, dass diese Menschen an der Illusion hängen, dass sie durch den Einsatz eine bedeutendere Persönlichkeit werden. Doch das Gegenteil ist der Fall. Denn das Gegenüber will diese Macht meist nicht über sich ergehen lassen. Wie im Beispiel mit den Kindern werden dann innerlich Mauern errichtet und es erfolgt der Versuch, die eigene Freiheit zurückzuerlangen. Die Person, die Macht vermitteln möchte, verliert rasch an Ansehen und Beliebtheit.

Das Gefühl von „müssen“ lähmt und schwächt damit alle Beteiligten.

Durch das Wort „müssen“ kann ich mich anderen gegenüber also mächtig fühlen. Andererseits kann ich dadurch auch die Macht an andere abgeben.
Sage ich zum Beispiel, dass ich zum Abnehmen Joggen gehen muss, so führe ich mir meine Machtlosigkeit vor Augen. Denn dann habe ich keine andere Wahl, als den Sport auszuführen. Das mindert meine Motivation. Wie viel lieber würde ich joggen gehen, wenn ich mir sagen würde, dass ich das aus reinstem Herzen tun möchte?

Im Alltag verwenden wir das Wording auch häufig, sobald wir uns einer Situation entziehen wollen. Wie oft hast du schon als Ausrede herangezogen, dass du noch etwas bestimmtes tun musst und daher keine Zeit für die Belange des anderen hast? In diesem Fall dient das Wort als Selbstschutz. Der Trugschluss dabei ist jedoch, dass das Gegenüber meist genau weiß, was man bezwecken möchte. Somit schwindeln wir uns selbst an, obwohl wir die Situation eigentlich damit retten möchten. Wenn wir solche Ausreden formulieren, gestehen wir uns unsere Machtlosigkeit ein und gleichzeitig bitten wir beim Anderen um Verständnis für unsere offensichtliche Lüge. Das hat eine riesige Wirkung auf uns und die andere Person. Die bessere Alternative wäre, offen und ehrlich zu sein. Je offener ich bin,

desto leichter fällt es dem Gegenüber, mich und die Situation einzuschätzen. Mit meiner Ehrlichkeit gebe ich dem anderen die Chance, angemessen zu reagieren. Die Karten auf den Tisch zu legen kann anfangs schwerfallen und unangenehm sein. Doch wenn die Ängste weg sind und ich einfach ich sein kann, ohne Ausreden und Notlügen, mache ich einen riesigen Schritt in Richtung Liebe zu mir und zu anderen.
Eine Freundin von mir hat dies am eigenen Leib erfahren. Als leitende Angestellte in einem Kosmetikstudio, sah sie es als ihre Aufgabe, Konflikte zu lösen. Über längere Zeit beobachtete sie, wie das Chaos immer mehr Einzug hielt. Jeden Morgen lagen die Handtücher auf dem Boden und die Creme-Tiegel waren nicht aufgefüllt. Sehr zum Leidwesen derjenigen Kollegin, die als erste im Studio war. Meine Freundin erzählte mir, dass sie bei der nächsten Teamsitzung das Problem ansprechen wollte und Sorge hatte, diese Konfliktsituation nicht lösen zu können. Im Verlauf unseres Gesprächs kamen wir gemeinsam zur Erkenntnis, dass sie hier eine Aufgabe übernahm, die sie nicht übernehmen musste. Immerhin war es ein Konflikt, der das ganze Team betraf und im ganzen Team für Unmut sorgte. Diese Erkenntnis nahm meiner Freundin eine große Last von ihren Schultern und sie entwickelte eine neue Herangehensweise.

In der nächsten Teamsitzung erläuterte meine Freundin die Situation und gab dann das Wort an ihre Kolleginnen. Gemeinsam erarbeiteten sie nun eine Lösung, die für alle Beteiligten angemessen schien.

Dadurch, dass jede an der Lösung mitgearbeitet hatte und sich somit verantwortlich für die Umsetzung fühlte, wurden die Maßnahmen besser umgesetzt als jemals erwartet. Die offene Kommunikation auf Augenhöhe führte so nicht nur dazu, dass meine Freundin sich wohler fühlte, sondern auch bei den Kolleginnen wurde eine größere Akzeptanz erzielt. Und das alles ohne Druck und Anweisungen.

Du siehst, es lohnt sich, den eigenen Sprachgebrauch zu hinterfragen und gegebenenfalls zu verändern. Beobachte dich in einem ersten Schritt dabei, wie du selbst das Wort „müssen" benutzt und richte deine Antennen auch auf den Einsatz des Wortes bei anderen.

Im Arbeitsalltag begegnen uns beispielsweise folgende Formulierungen:

- Ich muss ein bestimmtes Alter erreicht haben, um mich selbstständig zu machen.
- Ich muss eine gewisse Zeit in einem konkreten Bereich gearbeitet haben, um kompetent genug zu sein.
- Ich muss bestimmte Abteilungen durchlaufen haben, um Chef werden zu können.

Wenn dir solche Formulierungen auffallen, dann überlege im nächsten Schritt, ob das Wort „müssen" in diesen Sätzen aus deiner Sicht berechtigt ist oder ob du stattdessen den Satz umformulieren möchtest. Bedarf es einer Korrektur, dann halte inne und nimm dir Zeit für eine korrektere Formulierung.

Das eigene Wording auf Dauer zu verändern, benötigt viel Geduld und Übung. Denn an dieser Stelle arbeitest du an Feinheiten, die sich über Jahrzehnte in unserer Gesellschaft verfestigt haben. Gehe daher spielerisch damit um und finde Spaß an dieser Detektivarbeit. Gib diesem Prozess die nötige Zeit und sehe und staune, was sich daraus entwickeln kann, wenn du beständig dranbleibst und diesen bislang fast unbeachteten Aspekt in Bewegung bringst.

Während der Wirtschaftskrise hing unsere Firma wie so viele andere Unternehmen am seidenen Faden. Unsere finanzielle Lage war derart angespannt, dass ich keine Ahnung hatte, wie ich in den kommenden 14 Tagen die Gehälter meiner Mitarbeiter:innen bezahlen sollte. Viele andere Unternehmen tappten nun in die „Müssen-Falle“: Sie überlegten, was sie denn nun alles tun, ändern oder kürzen müssten. Mein Mindset war ein anderes: trotz der prekären Lage hatte ich zu jeder Zeit das Gefühl, einen bunten Strauß an Möglichkeiten zu haben. Zugegebenermaßen, es waren nicht die schönsten Blümchen auf der weiten Welt. Aber doch versetzten sie mich in die Lage, konstruktiv zu denken und innovative Ansätze zu ermöglichen. Nachdem mein Strauß an Möglichkeiten gebunden war, zupfte ich mir zwei, drei Blümchen heraus und packte die Aufgaben, die sich daraus ergaben, sofort an. Zwischen Impuls und Umsetzung vergingen keine fünf Minuten, ich fackelte nicht lange, sondern kam ins Handeln. Ich rief meinen Steuerberater an, meine Bank, berief den Familienrat ein, beantragte Kurzarbeit und hielt ein Firmenmeeting ab. Bei noch offenen Angeboten für potentielle Kunden wurde akribisch nachgehakt. Ich ließ es nicht zu, dass der Druck, der von außen auf uns einwirkte, sich in unserem Unternehmen widerspiegelte.

Es war klar: nicht nur ich, sondern auch alle Mitarbeiter:innen wollten die Firma durch die Krise führen – koste es, was es wolle. Statt uns in Verzweiflung zu suhlen und uns dem Gefühl des Müssens auszuliefern, gingen wir lösungsorientiert vor. In unserer Belegschaft sprudelten die Ideen, wie wir aus dieser Krise gestärkt hervorgehen könnten. Wir brachten eine Sonderedition heraus und konnten mit einer offenen und ehrlichen Kommunikation neue Aufträge an Land ziehen. Dieses Mindset rettete nicht nur mich, sondern auch mein Unternehmen.

Indem wir uns jederzeit unseren bunten Strauß an Möglichkeiten vor Augen führen, holen wir uns unsere Macht und Handlungsfähigkeit zurück.

Als Geschäftsführerin ging ich als positives Beispiel voran. Denn wenn ich den Strauß an Möglichkeiten nicht sehe, kann ich in den Köpfen meiner Mitarbeiter:innen keine Blumen säen, sondern nur Mauern errichten. Egal wie katastrophal eine Lage ist, es gibt immer Handlungsoptionen. Wenn ich meine Scheuklappen und Grenzen im Kopf entferne, weitet sich mein Blick und die Lösungen werden offensichtlich.

Unehrlichkeit

Wie du auf den vergangenen Seiten bestimmt schon erahnt hast, ist der Wert „Ehrlichkeit" bei mir recht hoch angesiedelt. Nun ist es an der Zeit, dir den Grund dafür zu erläutern.

Als ein Bekannter von mir starb, kamen seine Freunde und Verwandten miteinander ins Gespräch. Dabei stellte sich heraus, dass er die wildesten Geschichten über sein Leben erfunden hatte und dabei jeder Person etwas anderes erzählte. Bei der einen Person war er Pilot, obwohl er in Wirklichkeit in einem ganz anderen Bereich tätig war. Bei der nächsten Person sprach er angeblich türkisch oder hatte reich geerbt. Diese vielen Lügen gegenüber so vielen Menschen hätte er zu Lebzeiten wohl nie wieder sortiert bekommen. Wäre dieses Verhalten je aufgefallen, hätten sich wohl alle in seinem Umfeld von ihm abgewandt. Denn für die meisten Menschen ist Unehrlichkeit ein No-Go. Mein Bekannter hatte das Lügen derart verinnerlicht, dass er schon nicht mehr anders konnte. Es war fast krankhaft. Über die Gründe für sein Handeln kann im Nachgang nur spekuliert werden.

Letztendlich steckt hinter jeder Unehrlichkeit eine Motivation. Sei es die Intention, sich das Leben leichter machen zu wollen, sich einer Situation zu entziehen oder sich einen Vorteil verschaffen zu wollen. Im Alltag wird ein solches Verhalten oft als Notlüge umschrieben. Denn die Person ist in der Notlage, sich einer Situation nicht stellen zu wollen oder zu können. Die steuernde Emotion dahinter ist oftmals die Angst. Doch egal, welche Motivation dahintersteckt, aus meiner Perspektive ist Unehrlichkeit auch ein Spiegel der Beziehung zueinander. Ist ein Mensch unehrlich zu mir, dann stimmt etwas in unserer Beziehung nicht. Denn dann hat er offenbar das Gefühl, nicht ehrlich zu mir sein zu können.

Wäre unsere Beziehung durch vollkommene und bedingungslose Liebe geprägt, gäbe es keinen Grund für Unehrlichkeit.

Neulich war ich im Auto auf dem Weg zu einem Termin und nutzte die Fahrzeit, um ein Hörbuch zu hören. Es handelte sich um eine Geschichte über einen Vater und seinen Sohn.

Ein junger Mann hatte einen Termin in der Autowerkstatt. Vereinbart war, dass er danach seinen Vater auf dessen Arbeitsstätte abholte. Doch der Sohn ging zuerst noch ins Kino und ließ seinen Vater warten. Später behauptete er, dass der Termin in der Werkstatt länger dauerte. Der Vater folgte seinem Gefühl und rief in der Werkstatt an. Seine Vermutung bestätigte sich. Der Termin war bereits nach wenigen Minuten erledigt. Schließlich fuhr der junge Mann vor, doch sein Vater entschied sich, lieber zu Fuß nach Hause zu laufen. Der Sohn war verwirrt und fragte nach dem Grund. Als Antwort bekam er: „Ich habe in unserer Beziehung sicherlich etwas falsch gemacht, wenn du es nicht übers Herz bringen kannst, ehrlich zu mir zu sein. Der nun anstehende Fußmarsch erscheint mir die geeignete Strafe dafür zu sein. Fahr nur schon nach Hause, mein Junge.“ Der Sohn war nun geplagt von seinem schlechten Gewissen und seiner Scham. Er fuhr den gesamten Heimweg hinter seinem Vater in Schrittgeschwindigkeit her.

Lügen ist manchmal menschlich. Da brauchen wir uns nichts vormachen. Doch was wir uns bewusst machen sollten, ist, dass nach jeder Lüge auch etwas in uns zurückbleibt. Selbst, wenn das Gegenüber nichts bemerkt hat, weiß man genau. dass man nicht aufrichtig war und dieses Päckchen hat man selbst zu tragen.

Viel besser ist es also von vornherein ehrlich zu sein, auch wenn wir das nicht von Kindesbeinen an gelernt haben. Zu oft erwarteten uns Strafen oder wir erfuhren Unverständnis, wenn unsere Ehrlichkeit nicht in das Bild unserer Bezugspersonen passte. Zumal viele Menschen mit Ehrlichkeit auch nicht umzugehen wissen. Aus diesen Erfahrungen heraus haben wir den Impuls entwickelt zu lügen. Auf den ersten Blick scheint es wie eine Win-Win-Situation, denn dem anderen geht es scheinbar besser und man selbst hat zunächst seine Ruhe.

Ein guter Freund berichtete mir letztens von einem Dilemma. Er wollte seinen Sohn unterschwellig dazu auffordern, ihn beim Holz holen zu unterstützen und verpackte diese Aufforderung als Frage, ob sein Sohn Lust habe ihm zu helfen. Dass ein direktes und aufrichtiges „Nein“ von seinem Sohn kommen würde, hatte mein Freund allerdings nicht erwartet. Der erste Impuls vieler Eltern ist es nun wohl, ihre Aufforderung deutlicher zu formulieren, um ihr Kind zum Mitkommen zu bewegen. Doch damit würden sie nur erreichen, dass dieses entgegen seines Gefühls handelt und das nächste Mal fast schon zu einer Notlüge gezwungen ist. Im zweiten Anlauf wählte mein Freund eine andere Herangehensweise. Er erklärte dem Sohn, dass er es nicht allein schaffe, das Holz zu holen. Er fragte direkt, ob der Sohn sich ihm zuliebe überwinden könne und ihm helfen würde. Diese offene Art führte bei seinem Sohn dazu, dass er seinem Vater gerne half und seine Unlust überwand.

Wenn du dich selbst dabei ertappst, innerlich nach einer Notlüge zu greifen, dann ist es noch nicht zu spät. Frage dich, was der Beweggrund dahinter ist. Überlege dir, ob diese Unehrlichkeit dich wirklich weiterbringt. In der Regel zahlt sich ein offenes Wort immer aus. Mit jedem Mal ehrlich sein, wird deine Beziehung zu dem anderen Menschen tiefer und inniger.

Durch Ehrlichkeit entsteht Liebe. Zu dir selbst und zu anderen.

Dies gilt auch für den Bewerbungsprozess. Nicht jeder Mensch hat einen lückenlosen Lebenslauf vorzuweisen. Diese Lücken werden dann gerne aufwändig kaschiert. Doch die Frage, die sich hier stellt, ist doch eine ganz andere: wenn mich der Arbeitgeber nicht nimmt, nur weil ich beispielsweise ein Jahr arbeitslos war, ist er dann überhaupt der richtige Arbeitgeber für mich? Wenn mich mein Arbeitgeber zur Unehrlichkeit zwingt oder verführt, dann sagt das schon einiges über die Beziehungskonstellation aus. Ein Unternehmen, das sich an seinen Werten festhält, wird Ehrlichkeit zu schätzen wissen. So wie in meinem Beispiel mit dem Bewerber, der sich durch eine Krankmeldung bei seinem aktuellen Arbeitgeber zur Probearbeit in meinem Unternehmen davonschlich.

Aufrichtige Menschen können häufig schon an ihrer Körperhaltung erkannt werden. In meiner Zeit im Maklerbüro hat mir ein Kunde gesagt: sie haben eine tolle aufrechte Haltung, sie sind ein aufrichtiger Mensch. Dem stimmte ich ohne Vorbehalt zu. Als Kind hatte ich Ballettunterricht und habe viel getanzt. Dabei entwickelte ich eine physische aufrechte Haltung. Für mich ist Aufrichtigkeit ein hoher Wert und diesen lebe ich voll und ganz. Schon allein, weil es das Leben leichter macht und einfach gut tut, ehrlich zu sein. Dabei erweise ich mir und meinen Mitmenschen die Ehre, mein Herz zu öffnen und mich anzunehmen, wie ich bin.

Letzten Endes gibt es nur zwei Optionen: entweder schütte ich jemandem mein Herz aus oder ich lüge. Sein Herz zu öffnen, heißt dabei nicht, jedem alles auf die Nase zu binden. Selbst wenn ich nur sage, dass ich jetzt gerade nicht über etwas reden möchte, habe ich dem anderen mein Herz geöffnet. Das Gegenüber weiß sofort woran es ist und kann entsprechend darauf reagieren.

Auch wenn du selbst ein ehrlicher Mensch bist, so kann Unehrlichkeit durch andere in dein Leben treten. Überlege dir doch mal, wie du in Zukunft am besten damit umgehst, wenn andere nicht aufrichtig zu dir sind.

Beziehung

Auch wenn es in diesem Buch um deine berufliche Karriere gehen soll, so darf aus meiner Sicht ein Thema nicht fehlen, nämlich die private partnerschaftliche Beziehung. Denn das Liebesleben ist ein Lebensbereich, der sich stark auf die Karriere auswirkt oder von der Karriere beeinflusst werden kann. Bei erfolgreichen Menschen ist das Liebesleben daher häufig nicht ganz in Ordnung oder quasi nicht vorhanden. Sie leben als Singles und konzentrieren sich auf die Karriere. Der Grund liegt auf der Hand: beide Lebensbereiche benötigen viel Zeit, Energie, Aufmerksamkeit und Pflege. Karriere und Beziehung unter einen Hut zu bringen ist nicht leicht. In vielen Fällen entsteht ein Ungleichgewicht, welches sich negativ auf den Partner auswirkt. Das kommt nicht von ungefähr.

Beim Zusammenspiel von Karriere und Beziehung dreht sich viel um verdeckte Träume, Wünsche, Sehnsüchte und Bedürfnisse, die in der Regel in einem Lebensbereich zu kurz kommen. Genau hier ist das Konfliktpotential verborgen.

Ein Klienten-Pärchen hatte sich vor einigen Jahren darauf geeinigt, dass er als Mann seiner Karriere nachgeht, während sie als Frau in Teilzeit arbeitet und sich um den Haushalt und die Kinder kümmert. Als Geschäftsführer eines großen Unternehmens ist er einer hohen Belastung ausgesetzt. Wenn er nach Hause kommt, trifft er auf seine weitgehend entspannte Frau, die auch noch die Gabe hat, das Leben leicht zu nehmen. Oft, wenn der berufliche Druck und die damit verbundene Unzufriedenheit des Mannes zu groß wird, kommt dieser Konflikt in ihm zutage. Es folgen Vorwürfe, weil sie sich auf seine Kosten ein schönes Leben mache. Und dass, obwohl diese Vereinbarung gemeinsam getroffen wurde. Seine Unzufriedenheit projiziert er auf seine Frau, ohne dabei seine eigenen Handlungsmöglichkeiten in Betracht zu ziehen.

Bei einem anderen bekannten Pärchen geht die Frau voll in ihrer Karriere auf. Der Mann geht seiner regulären Arbeit nach und verbringt nicht selten die Wochenenden alleine. Er fühlt sich vernachlässigt, doch ein offener Austausch darüber scheint nicht möglich. Der Frust ist somit jedes Wochenende vorprogrammiert.
Nicht selten ist es auch der Fall, dass sich der Partner oder die Partnerin einer erfolgreichen Person neben dem anderen klein fühlt oder meint, nicht mithalten zu können. Verwirklicht der eine seine beruflichen Träume und der andere nicht, kommt es häufig zu einer Art Eifersucht. Denn plötzlich merkt der Partner, dass der andere glücklich ist, auch ohne ihn. Aus diesem Besitzanspruch heraus, legen manche ihren aufstrebenden Partnern unbewusst oder bewusst Steine in den Weg, um sie bei sich zu halten und enger an sich zu binden.

All diese Beispiele zeigen, welch Konfliktpotential diese beiden Lebensbereiche bergen. Keiner der beiden Bereiche lässt sich dabei minutiös planen. Eine Schwangerschaft oder eine Beförderung können beispielsweise schnell alle Pläne über den Haufen werfen. Daher ist es wichtig und notwendig, Karriere und Beziehung für beide Parteien stimmig in eine Form zu bringen. Dass das vielen nicht gelingt, ist aus meiner Sicht der Grund dafür, warum viele Ehen nach dem Auszug ihrer Kinder in die Brüche gehen. Jeder Partner hat für zehn oder 15 Jahren seine Rolle gehabt, die wie im Schlaf beherrscht wird. Mit dem Auszug der Kinder werden die Karten neu gemischt. Es kommt Bewegung ins Spiel. Oftmals haben sich die Frauen über Jahre hinweg hintenangestellt gefühlt. Dennoch bleibt der Großteil der Kindererziehung oft an den Frauen hängen. Sind die Kinder aus dem Haus, kann für Frauen die Zeit für eine eigene Karriere gekommen sein. In solchen Fällen rate ich Paaren an dieser Stelle, sich Hilfe von außen zu holen. Wo derart viele Sehnsüchte und Emotionen aufbrechen, kann eine neutrale Person nützlich sein, die den Prozess moderiert.

Paare, denen es gelungen ist, Karriere und Beziehung in eine Form zu gießen, sehen sich einer wunderbaren Lage gegenüber. Das geht sogar in einer Fernbeziehung, die ich aus eigener Erfahrung kenne.

Etwas miteinander zu schaffen, über jeden Lebensbereich miteinander sprechen zu können, sich gegenseitig motivieren zu können und einander aufzufangen ist das Paradies in jeder Beziehung und beflügelt die Beziehung wie die Karriere.

Mein Geschenk an dich

Bevor du beginnst dieses Buch weiterzulesen, habe ich ein Geschenk für dich. Damit du den größtmöglichen Nutzen aus dem folgenden Prozess ziehst, solltest du dir jetzt unbedingt das begleitende Audioprogramm herunterladen und direkt einmal durchführen.

Es hilft dir, die Inhalte sofort tiefer zu verstehen und zu verankern. Normalerweise kostet dieses Programm 29,99€. Du erhältst es hier kostenfrei.

http://www.wolfangel-academy.de/buch-karriere-download

Teil 2

Das 10-Schritte Karrieresystem

Willkommen im zweiten Teil dieses Buches. Sicherlich bist du schon gespannt, was dich auf den nächsten Seiten erwartet. In diesem Kapitel möchte ich dir zeigen, dass deine Gefühle die alles entscheidenden Aspekte des Lebens sind, oder dass dein Gefühl der alles entscheidende Aspekt deines Lebens ist. Denn sie haben Einfluss auf deine Energie und das Wunder, das im menschlichen Körper geschieht und die ganze Welt verändern kann. Diesen Fakt sollten wir uns immer wieder vor Augen führen. Gut 95% von allem, was in uns abläuft, geschieht unbewusst. Trotzdem bewirken diese Vorgänge etwas in uns. Darauf zu hören, fällt nicht immer leicht. Meiner Meinung nach sind wir in Mitteleuropa stark darauf trainiert, mit unserem Verstand zu arbeiten.

Kurz nachdem ich meinen Sohn bekam, merkte ich, wie unglücklich ich in meiner damaligen Beziehung war. Ich spielte immer mehr mit dem Gedanken, mich zu trennen. Mein Umfeld war entsetzt. Es riet mir, meine Gefühle auszublenden, denn immerhin hätte ich eine Verantwortung gegenüber meinem Kind. Trotzdem hörte ich auf meine Gefühle und wagte den Schritt. Dieser veränderte nicht nur mein Leben, sondern auch die Leben meiner Familienmitglieder.

Wenn ich selbst eine Veränderung herbeiführe, hat das immer auch Auswirkungen auf das System, in dem ich mich befinde.

Jeder Mensch ist in einem System verankert. Wie bei einem Mobilé kommen alle Teile in Bewegung, sobald ich einen Teil in Schwingung bringe. Die Krux an Veränderungen ist, dass der volle Umfang der Ausmaße und die Folge daraus schwer abzusehen ist. Genau diese Unwägbarkeit schürt die Angst vor Veränderung. Lieber bleibt es, wie es ist, bevor ein Wirbel im eigenen System verursacht wird und nicht erkennbar ist, ob es so ausgeht, wie erhofft.

Meiner Meinung nach lohnt es sich immer, die eigenen Gefühle ernst zu nehmen und die Veränderung zu wagen. Deine Gefühle zeigen dir, was du liebst, was dir Freude macht und was dich aufblühen lässt.

Diesem Weg zu folgen ist immer gut, auch wenn er dich herausfordert. Denn er entspringt deinem Körper, deinen Zellen, deinem Herzen und deiner Liebe.

Ich wünsche mir für dich, dass du feinfühlig für deine inneren Signale und Impulse bist. Lerne immer mehr wahrzunehmen, was an Liebe in dir ist und wie viel Liebe für deine jeweilige Tätigkeit da ist. Entwickle aber auch eine Lust an Veränderung und Abenteuer. Folge deinen Impulsen, um dein Leben auszukosten. Nimm in Erwartung dessen, was kommen mag, eine freudige Haltung ein – mit allem wundersamen, chaotischem und schönem. Manchmal können wir unsere Entscheidungen dann vielleicht nicht erklären. Letztendlich müssen wir das aber auch nicht. Denn wir müssen sie nicht rechtfertigen, nicht vor uns selbst und nicht vor anderen.

Dieses Kapitel soll dich ermutigen und dir dabei helfen, die für dich notwendigen Schritte zu gehen. Ich wünsche dir viel Spaß mit meinem 10-Schritte-System und bin mir sicher, du kannst einige Erkenntnisse daraus ziehen, die du jetzt gerade für dein Leben und deine Karriere gebrauchen kannst.

Was passiert, wenn Liebe Karriere macht?

Dass aus Liebe eine Karriere entstehen kann, wurde mir zum ersten Mal mit ca. 18 Jahren bewusst. Zu dieser Zeit befand ich mich in der Ausbildung zur Bankkauffrau. Meine Leidenschaft war jedoch die Mode und das Styling. Um dieser Leidenschaft selbst nachzugehen, brauchte ich neben meinem Azubigehalt ein Zusatzeinkommen. So verband ich meine Leidenschaft mit dem Nützlichen und bewarb mich bei einem klassischen, soliden Ausstatter für Damenmode in der Abteilung „junge Mode".

Meine Bewerbung dort war erfolgreich. Mehrmals im Monat, meist samstags, arbeitete ich dort. Es machte mir viel Spaß mich in diesen Stunden mit meiner Freude an der Mode zu beschäftigen. Ich liebte es, Menschen zu zeigen, wie sie mit ein paar kleinen Kniffen oder einem Accessoire ihre Präsenz, ihr Wohlgefühl und ihre persönliche Zufriedenheit steigern können. Diese Begeisterung fehlte mir in meinem eigentlichen Job bei der Bank und das änderte sich natürlich auch nicht, als ich meine Banklehre abschloss.

Eines Tages unterstützte ich bei der Inventur im Modekaufhaus und erzählte meiner Kollegin nebenbei, dass ich mich beruflich neu orientieren wollte. Meine Kollegin wiederum gab das an meine Abteilungsleiterin weiter. Als wir mit der Inventur fertig waren, kam meine Abteilungsleiterin auf mich zu und bot mir den Posten als Abteilungsleiterin in der „jungen Mode“ an. Kurz darauf kündigte ich bei der Bank und stieg mit Anfang 20 in einer leitenden Position im Kaufhaus ein. Dieser Karriereschritt ist allein auf meine Freude an der Mode, dem Styling, an Klamotten und am Verkauf zurückzuführen. Das erste Mal bemerkte ich:

Wenn ich das mache, was ich gerne mache, dann wird leicht eine Karriere daraus.

Warum Karriere ohne Liebe nicht funktioniert

Ein paar Jahre später machte ich eine gegenteilige Erfahrung. Ich arbeitete in einem großartigen Unternehmen mit klassischer Immobilientätigkeit an dessen neuem Standort in Stuttgart. Zunächst erschien es wie der perfekte nächste Schritt in meiner Karriere. Längere Zeit hielt ich dort die Position der Direktionsassistentin, wollte aber dann in den Immobilienverkauf wechseln. Gesagt, getan. Mit jeder Woche, die verging, merkte ich allerdings mehr, dass ich mich in dieser Tätigkeit nicht so richtig wohl fühlte. Mein Rheuma, das mir über so viele Jahre zum Barometer für mein Wohlbefinden wurde, schlug voll aus. Die körperlichen Schmerzen waren qualvoll.

Mit Schmerzmittel versuchte ich sie zu überbrücken. Mein körperlicher Zustand wirkte sich natürlich auch auf meine Tätigkeit als Immobilienverkäuferin aus. Ich war nicht mehr so leistungsfähig und meine Verkaufszahlen verschlechterten sich. Letztendlich sah ich irgendwann keinen anderen Weg mehr als die Kündigung.

So griff ich zum Telefonhörer und teilte meinem Chef meine Entscheidung mit. Er war gerade auf Geschäftsreise und bat mich um ein Gespräch am darauffolgenden Montag. Ich sollte Feierabend machen und die restliche Woche frei nehmen. Also räumte ich meinen Schreibtisch auf, sagte meinen Kollegen, dass ich erst am Montag wieder käme und verließ das Büro.
Auf meinem Heimweg durch die Innenstadt wurde ich plötzlich von einem Mann angesprochen. Ihm sei mein Strahlen aufgefallen. Ganz frisch arbeitslos geworden, verstand ich zunächst sein Kompliment nicht. Doch dann fiel mir plötzlich auf, dass meine Schmerzen komplett weg waren. Meine Entscheidung beendete einen Weg, der nicht mehr meiner Begeisterung und Liebe entsprang. Diese Entscheidung zu treffen und dann auszusprechen, vertrieb all meine Schmerzen. Diese Erkenntnis war und ist bis heute eine meiner tiefgreifendsten.

Diese Erfahrung zeigte mir einerseits, was passiert, wenn man nicht der eigenen Liebe folgt. Denn meine körperlichen Schmerzen und mein schwindender Erfolg als Immobilienverkäuferin sprachen Bände. Andererseits merkte ich im Umkehrschluss auch sofort, wie sich alles zum Positiven wandelt, wenn ich die Reißleine ziehe und meinem eigenen Herzensweg folge. Mein Schmerz war unmittelbar weg und das Glücksgefühl kehrte zu mir.

Mittlerweile tanze ich durch das Leben, denn ich habe es geschafft, mir eine Leichtigkeit zu bewahren. Ich verliebe mich in alles, was in mein Leben spielt. Durch die Liebe zum Leben konnte meine Karriere überhaupt erst entstehen.

Was passiert, wenn Karriere Liebe macht?

Die Beweggründe für eine Karriere haben wir im ersten Teil des Buches bereits ermittelt. Nicht selten wird durch eine erfolgreiche Karriere versucht, Liebe und Anerkennung zu erhalten. Aus meiner Sicht hat sich dann jedoch der zweite Schritt an erster Stelle bemerkbar gemacht. Denn wenn die Liebe nicht da ist, kann sich aus meiner Sicht kein dauerhafter Erfolg einstellen. Auf diese Weise wird nie das volle Potential ausgeschöpft.

Wenn ich eine Torte backen möchte, habe ich zwei Möglichkeiten: entweder schaue ich, was in meinen

Vorratsschränken an Zutaten da ist und backe daraus meinen Kuchen, oder aber ich habe eine Vision meiner Torte, überlege mir, was ich dafür benötige und was ich eventuell auch neu erlernen muss. Aus dieser Vision heraus lerne ich einen Biskuit zu backen, mit Blattgold umzugehen – alles, was notwendig für meine Traumtorte ist. Und auf einmal ist Liebe im Spiel. Spürst du den Unterschied? Wenn ich eher zur ersten Möglichkeit tendiere, dann ist es ratsam, mich selbst umzuprogrammieren. Denn sobald ich Liebe hineingebe, kann diese wirken und wieder zu mir zurückkommen. Denn, alles, was ich gebe, potenziert sich.

Will ich erfolgreich sein, dann muss ich in Liebe investieren.

Durch diesen Ansatz habe ich es erreicht, dass ich nie grob kritisiert wurde. Nicht durch meinen Chef, der bei Fehlern anderen gegenüber recht cholerisch wurde. Nicht bei meinen Lehrkräften, die sich schon fast bei mir entschuldigt hatten, wenn ich eine schlechte Note bekam. Indem ich Liebe gab, bekam ich sie auch zurück.

Aus diesem Grund habe ich auch Mitarbeitende, die ich knutschen könnte. Alle von ihnen sind phänomenal, sie geben alles für unser Unternehmen, für mich und für unsere Kund:innen. Ich habe vollstes Vertrauen in sie.

Nur so konnte ich mein Coachingbusiness aufbauen. Ohne die Sicherheit, dass im Unternehmen alles gut läuft, auch wenn ich nicht da bin, wäre das nicht gegangen.

Die Liebe gebe ich dabei nicht nur in meine Karriere, sondern auch in meine Partnerschaft, meine Familie, mein Privatleben im Allgemeinen. Blockaden in einem dieser Bereiche, beeinträchtigen immer auch meine anderen Lebensbereiche. Hatte ich einen schlechten Tag in der Arbeit, so kann ich zuhause nicht gut abschalten. Habe ich einen Familienstreit, dann denke ich auch im Büro darüber nach. Zwischen allen Lebensbereichen besteht eine enge Verbindung. Daher lohnt es sich, den einen wie den anderen zu gestalten. Sie alle bilden unsere Säulen, durch die ich belastbar werde. Ich selbst habe die Verantwortung, sie zu pflegen, so dass sie auch tragen, wenn einmal eine Säule wegfällt.

Wenn ich aus der Liebe heraus Karriere mache, entsteht aus der Karriere noch mehr Liebe, die sich in der Welt potenziert.

Das 10-Schritte-System für mehr Liebe auf Deinem Karriereweg

Heike, geh immer davon aus, dass andere Menschen genauso viel wissen, wie du.

Dieser Satz meines Vaters hat mich in vielerlei Hinsicht geprägt. Er schenkte mir die Erkenntnis, dass ich kein bisschen besser, intelligenter oder wertvoller als andere Menschen bin. Er erinnerte mich daran, jedem Menschen auf Augenhöhe zu begegnen. Außerdem bewegte er mich dazu, die Dinge tiefer zu betrachten oder Sachverhalte von einer anderen Seite zu beleuchten. Mein Anspruch wurde es, Menschen frische Sichtweisen vor Augen zu führen. Die Erwartung war nicht, dass diese zwangsläufig besser waren. Vielmehr war meine Idee, Neues zu entdecken und noch mehr hinzuspüren. Diese Idee trage ich bis heute in mir. Meine Intension war schon immer, wesentliche Aspekte klar, deutlich und leicht zu kommunizieren. Das sollte nicht nur mein Leben vereinfachen, sondern auch das Leben anderer Menschen.

Das Ergebnis daraus sind die folgenden 10 Schritte, die ich im Laufe meines Lebens durch genaues Hinsehen, Beobachten und Analysieren entworfen habe.

Schritt 1 - Ruhe und Gelassenheit

Ruhe und Gelassenheit sind oft die ersten Empfindungen, die in unserem Alltag verloren gehen. Unser Gehirn scheint ein Meister darin zu sein, nichtförderliche Aspekte wie Grenzen oder Hindernisse zu sehen. Dahingegen geraten die förderlichen Aspekte in Vergessenheit. Ruhe und Gelassenheit gehen uns verloren und daraus resultiert eine mehr oder minder große Unzufriedenheit.

In Wörterbüchern wird das Gefühl „Ruhe" als Entspanntheit und die Abwesenheit von Sorgen, Ängsten oder anderweitigen Störungen beschrieben. „Gelassenheit" wird als innere Einstellung verstanden, die uns das seelische Gleichgewicht bewahren lässt. Unabhängig von den allgemeingültigen Definitionen kann jede Person seine eigene Bedeutung finden. In meiner Definition ist es die Gabe, den Fokus auf das Positive zu lenken. Wie bei Aschenputtel, die die guten von den schlechten Linsen trennte. Wenn ich mich zu sehr auf die schlechten Linsen konzentriere, dann geht es mir zwangsläufig nicht gut. Den Fokus zu verändern, ist eine große Herausforderung und bedarf viel Übung. Dazu gehört auch, wohlwollend mit sich selbst zu sein und die Aufmerksamkeit auf die eigenen Stärken, statt auf die eigenen Fehler, zu richten.

Ruhe und Gelassenheit sind die Gamechanger. Sie wahrzunehmen heißt, ein glückliches Leben zu führen und kraftvoll zu bleiben.

Wir Menschen bestehen zu ca. 70% aus Wasser. Der Wissenschaftler Masaru Emoto zeigte, dass Wasser ein Träger für Schwingungen und Frequenzen ist. In seinem Versuch beschriftete er Wasserflaschen mit positiven oder negativen Botschaften. Anschließend fror er die Wasserflaschen ein und analysierte später die Eiskristalle. Es zeigte sich, dass das positiv besprochene Wasser vollkommene Eiskristalle bildete, während Wasser mit negativen Botschaften unvollkommene Eiskristalle aufzeigte. Dieser Vorgang lässt sich auch auf unseren Körper übertragen. Wenn ich nicht ruhig und gelassen bin, dann habe ich meinen ganzen Körper auf einer Frequenz, die mir nicht dienlich ist.

Es ist ein simples Phänomen, das bis in unsere tiefsten Zellen hineinwirkt, wenn wir uns nicht ruhig und gelassen fühlen.

Aus dieser Erkenntnis heraus fällt es mir leicht, alles dafür zu tun, dass ich mich auf das Schöne im Leben konzentriere. All der Aufwand, all die Risiken sind es mir wert. Daher war es auch selbstverständlich für mich, mein ganzes Leben auf den Kopf zu stellen, um wieder in Ruhe und Gelassenheit zu leben. Wenn ich spüre, was zu tun ist, damit es mir gut geht, dann tue ich es.

Diese konsequente Haltung ist ein Ergebnis meiner Lebenserfahrung. Daher kann ich sehr gut verstehen, warum es schwer ist, ruhig und gelassen zu bleiben. Auf der einen Seite steht ein Impuls, ein Gefühl. Auf der anderen Seite sind die Stimmen im Kopf, die aus dem Verstand heraus entstehen oder vom Umfeld an uns herangetragen werden. Es entsteht ein Dilemma, das Ruhe und Gelassenheit zunichtemacht.

Vielleicht befindest auch du dich derzeit in diesem Dilemma und zwischen diesen beiden Gegenpolen. Dann lass dir sagen: so zu fühlen ist normal und menschlich. Jede Person auf dieser Welt hat es schon erlebt. Auch ich. Deshalb kann ich dir aus reinem Herzen sagen, dass diese emotionale Zerrissenheit gelöst werden kann.

Heute weiß ich: je krasser und extremer die Situation ist oder wird, in der ich mich befinde, desto ruhiger und gelassener werde ich.

Eine sehr heftige Erfahrung war für mich, als ich die Nachfolge im Unternehmen meiner Eltern antrat. Formell hatte ich das Unternehmen übernommen. Allerdings wirkte mein Vater, angetrieben durch seinen persönlichen Nachfolgekampf, mit und riss die Verantwortung immer mehr an sich. Mein Gefühl, dass hier etwas völlig schieflief, wurde zusehends stärker. In mir formten sich zwei Entscheidungsoptionen, die ich meinem Vater mitteilte: entweder blieb er im Unternehmen oder ich. Du kennst die Geschichte bereits. Diesen Weg musste ich gehen, um zurück in meine Ruhe und Gelassenheit zu finden.

All die emotionalen Verwirbelungen der vorangegangenen Monate waren plötzlich wie weggeblasen. Der Wunsch, die Situation in Ruhe und Gelassenheit zu klären, war riesig. Mit dieser Ausstrahlung ging ich in das Gespräch und das spürte auch mein Vater. In diesem Moment wurde ich zur Unternehmerin und Expertin für die Liebe in der Karriere. Mein Learning daraus:

Wenn es sich in mir nicht mehr gut anfühlt und wenn ich genau weiß, wie ich es machen will, weil ich nur so in vollständiger Liebe sein kann, dann gibt es nur diesen einen Weg.

Was kannst du tun, wenn die innere Ruhe und Gelassenheit verloren gegangen ist?

In vielen Situationen halten uns Glaubenssätze oder limitierende Gedanken davon ab, vollständig in die Ruhe und Gelassenheit zu kommen oder sie zu erhalten. Zunächst gilt, sich bewusst zu machen, was mich ausbremst, beschränkt, stresst oder emotional aufwühlt.

Diese Fragen können dabei hilfreich sein:

- Ist das, was ich gerade denke, wirklich die Wahrheit?
- Welche Limitierungen setze ich mir?
- Was, wenn ich kein Limit habe?
- Was, wenn ich alles haben kann, was ich schon immer haben wollte?
- Was, wenn ich sein kann, wer ich will?
- Wie geht es ganz leicht?
- Was, wenn da noch viel mehr geht?
- Welche Impulse spüre ich in meinem Herzen?

Führe dir vor Augen, dass es noch leichter oder schöner gehen kann. Triff für dich folgende Entscheidung:

Ich beschließe ab jetzt, immer schneller wahrzunehmen, wann mich eine Situation aus meiner Ruhe und Gelassenheit rausbringt.

Im zweiten Schritt geht es an die Umsetzung, um zurück in die Ruhe, Gelassenheit und Liebe zu kommen. Erkenne deine Handlungsmöglichkeiten und finde heraus, was dir jetzt gerade gut tut zu denken, zu machen, zu fühlen, so dass du wieder in deine Kraft kommst. Vielleicht hilft es, die Augen zu schließen, tief durchzuatmen oder die Hand auf dein Herz zu legen und zu fühlen, dass dein Herz für dich schlägt. Oder du denkst an deinen letzten Urlaub, deine Partnerin, deine Kinder oder dein Haustier. Finde etwas, was dir gut tut, was du dir als Anker setzen und aus dem du Kraft schöpfen kannst. Führe dir vor Augen:

Alles ist da, was du brauchst, um dich daran zu erinnern, wie es sich anfühlt, ruhig und gelassen zu sein.

Eine kleine Übung, um Ruhe und Gelassenheit zu finden:

Lege deine rechte Hand auf deinen Brustkorb und mache dir bewusst, dass dein Herz für dich schlägt. Spüre, dass alle Abläufe in deinem Körper dich gesund und am Leben erhalten. Stelle beide Beine auf die Erde und visualisiere, wie du mit der Erde verbunden bist. Mache dir bewusst, dass die Erde dich nährt und dir alles gibt, was du zum Leben brauchst.

Stelle dir nun vor, wie deine Füße tiefe Wurzeln ins Erdreich schlagen, bis hin zu ihrem kraftvollen Kern. Verbinde gleichzeitig über deinen Kopf dein Scheitel-Chakra mit dem Himmel und dem Universum. Vielleicht spürst du jetzt die Anbindung nach oben in das Unendliche und nach innen in den Kern. Diese Verbindung fließt durch dich durch und du kannst spüren, wie du genau in dieser Anbindung von Himmel und Erde funktionierst. Genieße den Moment und fühle die Verbundenheit und vielleicht kannst du spüren, wie sie dir Ruhe und Gelassenheit schenkt.

Du weißt immer, was zu tun ist.
Du kannst es fühlen – immer.

Schritt 2 - Denke weniger nach und spüre die Liebe

In unserer Gesellschaft ist das Denken tief verankert. Von klein auf wird jeder einzelne Mensch darauf trainiert und für das Denken belohnt. Erst in den letzten Jahren gewannen die sogenannten Soft Skills an Anerkennung. Lange Zeit wurden sie unterdrückt oder zurückgehalten, denn sie wurden nie beachtet oder gar belohnt. Demzufolge sind die eigenen Gefühle einem selbst oft unklar und unterliegen dem Reflex, sie zu bewerten. Es wird versucht, Gefühle auf logischer Verstandesebene zu erklären. Diese Erklärungsversuche geraten an ihre Grenzen.

Am deutlichsten wird das, wenn wir an unsere Kindheit zurückdenken. Wenn Kinder nein sagen, nimmt das Umfeld das meist als Verweigerung wahr. Es wird versucht, dem Kind den Willen aufzudrücken. Dass das Kind nur spürt, dass es etwas nicht möchte, ohne es erklären zu können, ist dem Erwachsenen nicht bewusst. Auch in dir selbst wird nun vielleicht eine solche

Erinnerung hochkommen. Die Erinnerung an eine Situation, in der du nicht gehört wurdest und in der du mit deinen Empfindungen nicht verstanden wurdest. Ein jeder von uns hat solch schmerzliche Erfahrungen gemacht, in der das Umfeld eine andere Vorstellung davon hatte, wie es weitergehen soll, als man selbst. Dieses Beispiel zeigt, wie Glaubenssätze entstehen und wie Prägung stattfindet.

Was bedeutet „Denken" und was „Liebe spüren"?

„Denken" wird in Wörterbüchern als bewusster kognitiver Prozess beschrieben, der unabhängig von sinnlichen Reizen ablaufen kann. Mentale Prozesse wie Schlussfolgern, Urteilen oder Erinnerung und Imagination werden darunter verstanden.

Für meinen Teil ist das jedoch nur eine Seite der Medaille. Ich bezweifle, dass Denken immer bewusst oder nur im Gehirn abläuft. Im überwiegenden Teil laufen gewisse Lösungsprozesse, wissenschaftliches Arbeiten und Ähnliches natürlich im Gehirn ab. Meiner Ansicht nach stammen aber Impulse, Gedanken, Ideen oder Bilder, die ganz spontan in einem entspannten Zustand aufkommen, aus unserem gesamten System. Impulsive Wahrnehmungen lassen sich meiner Meinung nach nicht allein im Gehirn verorten. Die Wahrnehmung von dem, was ich fühle oder welche Impulse aus meinen Sinnen heraus entspringen, geht weit über eine kognitive Leistung hinaus. Diese Vorgänge beschreiben für mich, was es heißt, die Liebe zu spüren. Weniger zu denken und mehr die Liebe zu spüren, ist das Fundament meiner Lebenshaltung. Schon sehr lange achte ich darauf, dass ich nicht zu viel denke und meine Entscheidungen nicht ausschließlich im Kopf treffe. Weniger zu denken heißt, mehr mich selbst und meine Impulse zu spüren. Ich bin zutiefst davon überzeugt, dass mein Herz Informationen, Signale, Frequenzen und Stimmungen aufnehmen kann, zu denen mein Gehirn keinen Zugang hat.

Offen sein und mit dem Herzen wahrnehmen und entscheiden – das bedeutet für mich, die Liebe zu spüren.

Gleichzeitig offeriert mir diese Haltung ein Leben in Freiheit. Denn mir werden Informationen eröffnet, die unabhängig sind von den Bewertungen und Meinungen von mir selbst oder von anderen. Dieses Fundament zu bewahren ist eine Herausforderung, da der Verstand immer wieder dazwischen grätscht. Ihn zu beruhigen und zurück ins Vertrauen zu finden, weil das ganze System für einen arbeitet, ist eine Daueraufgabe. Als mein damaliger Partner zu mir sagte: „Heike, denk doch mal nach", fühlte ich mich tief verletzt. Mir kam alles über meine eigene Dummheit in den Sinn: Ich kann nicht Schach spielen, ich habe schon früher in Diktaten eine fünf geschrieben, ich bin keine Strategin.

Zunächst war ich also sprachlos und bin in mir zusammengesackt. Als mein Schock vorüber war, habe ich dieser Sache allerdings nachgespürt. Was genau war da gerade passiert? Vielleicht war genau dieser Satz der Auslöser für alles, was danach kam.

Der Trigger, der mich tief verletzt hat, hat mir letztendlich große Freiheit geschenkt.

In meiner Ausbildung zum systemischen Coach und zur spirituellen Heilerin wurde mir klar: ich muss gar nicht nachdenken. Zumindest nicht so, wie es sich andere Menschen in meinem Umfeld vorstellen. Meine Art zu Denken dauert manchmal nicht einmal eine Sekunde. Schneller als ich die Frage denken kann, spüre ich die Antwort. In den letzten Jahren habe ich diese Fähigkeit bei mir verstärkt und ausgebildet.

Wie gelingt es dir, weniger zu denken und mehr die Liebe zu spüren?

Der Gedanke, weniger zu denken, und mehr ins Gefühl zu kommen, verursacht bei vielen Menschen eine Unsicherheit. Sie wissen nicht, ob sie ihren eigenen Gefühlen trauen können. Dennoch sollten wir die Vorstellung, dass wir unseren Interessen und Empfindungen folgen, pflegen. Anfangs braucht es viel Ruhe, um die Gedanken zu begrenzen und die Gefühle stärker wahrzunehmen. Später wird es dir auch im größten

Trubel gelingen. Doch der Weg dorthin beginnt idealerweise in der Ruhe.

Nimm dir Zeit und suche dir einen Raum, der dir Ruhe, Entspannung, Sicherheit und Wohlbefinden beschert. Begebe dich in einen meditativen Zustand. Lass die Gedanken kommen und gehen, ohne sie ergreifen zu wollen. Beginne wahrzunehmen, was du spürst. Öffne den Raum für deine fünf Sinne und für möglicherweise noch viel mehr.

Dann beginne, dir Fragen zu stellen:

- Wie fühle ich mich jetzt?
- Welches Gefühl ist da?
- Was möchte ich tun?

Dein Körper wird dir ein Zeichen geben. Sprich mit dir und beobachte die Bilder, die du innerlich siehst. Nimm wahr, welche Impulse - jenseits aller Stimmungen und Erwartungen deines Umfeldes - aus deinem eigenen System kommen. Je mehr du diese Übung praktizierst, desto leichter wirst du später im Bruchteil einer Sekunde in dich gehen können. Mit der Zeit wirst du immer sensibler und empfänglicher für das, was dein inneres System dir mitteilt.

Was tue ich, wenn Glaubenssätze oder limitierende Gedanken auf mich wirken?

Die Abkehr von den eigenen Emotionen führt zu einer Unfreiheit. Denn in Wahrheit sind wir dadurch fremdgesteuert wie ein Roboter. Jeder von uns weiß zu gut, was das Umfeld erwartet. Wir wissen nicht mehr, was wir selbst möchten oder ob es in Ordnung ist, was wir denken, fühlen oder uns wünschen. Die Unfreiheit beginnt im Kopf und sie wurde über lange Zeit antrainiert.

Wenn du den Einfluss von Glaubenssätzen oder Limitierungen in dir bemerkst, gehe immer wieder den Gedanken nach und trainiere, sensibel zu sein:

- Was wäre, wenn alles möglich wäre?
- Was wäre, wenn es jetzt ganz leicht geht?
- Was wäre, wenn ich genau spüre, was ich möchte?
- Was wäre, wenn ich immer mehr und deutlicher die Signale erkenne, für meine ureigenen Entscheidungen?
- Was wäre, wenn ich tun kann, was ich will und gleichzeitig ein geliebter Mensch bin?
- Was wäre, wenn ich mehr geliebt werde und noch mehr lieben kann?
- Spreche und denke ich meine Gedanken, oder die von anderen?

Denke weniger nach und spüre die Liebe. In dem Moment, in dem du über eine Entscheidung nachdenkst, hast du deine wahre Entscheidung bereits ignoriert.

Schritt 3 - Ziele festlegen

Das Festlegen von Zielen mag bei der ein oder anderen Person ein ungutes Gefühl auslösen, denn es bedeutet ein Höchstmaß an Verbindlichkeit. Es schafft eine Basis für Vergleichbarkeit, Bemessung und Beurteilung und einen Maßstab für Erfolg oder Misserfolg. Indem wir Ziele festlegen, offenbaren wir uns und gewähren Einblicke in unser Inneres. Das Verfehlen von Zielen bedeutet in den Köpfen vieler Menschen Versagen oder Schwäche. Das macht Angst und handlungsunfähig.

Ganz ohne Ziele geht es jedoch nicht. Es ist nützlich, einen Leuchtturm in der Ferne zu haben, um zu navigieren, die Richtung zu halten und gegenzusteuern, wenn nötig. Deshalb ist die entscheidende Frage, was wir unter Zielen verstehen, wo wir sie setzen, wie oft wir sie festlegen und wem wir sie zeigen.

Was verstehen wir unter dem Begriff „Ziele festlegen"?

Nach allgemeingültiger Definition ist ein Ziel etwas, worauf das Handeln, Tun oder Ähnliches bewusst ausgerichtet ist. Etwas, das jemand zu erreichen versucht. Aus meiner Perspektive heraus, werden Ziele jedoch nicht immer bewusst definiert. Denn Ziele können auch unbewusst in mir vorhanden sein. Wenn wir all unsere Ziele bewusst verfolgen würden, wären wir überfordert. Daher sind manche in das Unterbewusstsein geschoben. Diese wirken ohne viel Aufmerksamkeit in Form von Prägungen, Glaubenssätzen, Gewohnheiten oder auch Traumata. Unsere Richtung wird uns also durch bewusste, aber auch unbewusste Ziele gewiesen. Infolgedessen lässt sich sagen:

Alles, was wir bis heute erreicht haben, wurde durch innere Ziele gesteckt. Nur aufgrund unserer inneren Ziele konnten wir die jetzige Ist-Situation erreichen.

Sich diesen Umstand bewusst zu machen, lässt uns eine andere Grundhaltung gegenüber Zielen einnehmen. Die negative Konditionierung löst sich auf und schenkt und einen Ausblick darauf, was wir bereits alles erfolgreich bewältigt haben.

Aus diesen Grundgedanken heraus sind Ziele für mich pure Freude. Ich erfreue mich an ihnen, korrigiere sie, wenn nötig, ich spüre sie, hege und pflege sie. Es bereitet mir Spaß, wenn einst verborgene Bilder plötzlich in mir aufsteigen und diese Vorstellungen in mir kribbeln und nach und nach zum Leben erweckt werden. Was will ich tun? Wer will ich sein? Was will ich erleben? Wenn ich mir diese Fragen stelle und mich auf die Suche nach Antworten begebe, bin ich ganz nah dran an meinen Zielen.

Wie du es schaffst, deine Ziele zu erreichen

Mit sehr großer Wahrscheinlichkeit gibt es den ein oder anderen Punkt in deinem Leben, der noch nicht deinen Vorstellungen entspricht. Vielleicht verdienst du noch nicht das, was du verdienen möchtest. Oder du hast zwar den Job deiner Wahl, aber die Umstände sind nicht zu 100% so, wie du sie dir vorstellst. Vielleicht scheinen deine Ziele unerreichbar oder du hast den Zugang zu ihnen verloren. Vielleicht bremsen dich auch innere Vorstellungen und Glaubenssätze aus, wie zum Beispiel „Wer viel verdienen will, muss hart arbeiten" oder „Eine Chefin hat es nicht leicht". All die Dinge, von denen wir glauben, dass sie zum Berufsleben dazugehören, gehören dazu, weil wir es glauben.

Vielleicht spürst du auch eine Diskrepanz in dir, zwischen dem, was du auf bewusster Ebene erreichen möchtest, und dem, was du unbewusst anstrebst und leben möchtest. Diese Diskrepanz habe ich am eigenen Leib erfahren.

In meinen bewussten Zielen war ich lange Hausfrau, Mutter und kraftvolle, liebende Partnerin. Heute bin ich Unternehmerin. Ich bin im klassischen Sinne das, was ich mir unter dem Begriff „Alphatier" vorstelle. Im Nachhinein betrachtet wollte ich immer auf die Bühnen dieser Welt, hatte Freude daran, etwas zu sagen und gehört zu werden und Menschen um mich zu haben, die hören wollten, was ich zu sagen habe. Zuhause ging das aber nur schwer. Daher bin ich heute erfolgreiche Unternehmerin und Speakerin. Gleichzeitig bin ich aber auch die Partnerin meiner Mitarbeitenden, die Stärke im Rücken meiner Kund:innen.

Ich habe mir beides verwirklicht – meine bewussten und unbewussten Ziele. Es muss nicht immer ein „Entweder-Oder" sein, sondern manchmal ist es auch ein „sowohl als auch".

Wie du dir Ziele setzen kannst

In einem Buchladen lassen sich Unmengen an Literatur über Zielsetzung und -erreichung finden. Es gibt zahlreiche Methoden und Theorien, wie am besten vorzugehen ist. Die einen sagen, es ist wichtig sie zu verschriftlichen, zu benennen oder öffentlich zu machen. Die anderen teilen sie in Maßnahmen ein, in 12-Monatsschritte oder in wöchentliche To-Do´s. Ich aber denke: ich mache einfach das, was zu mir passt.

Wenn ich sie mir als Vision Board an die Wand hängen möchte oder sie schriftlich ausarbeiten will, dann mache ich das. Wichtig ist zu wissen, woran ich Spaß habe. Denn dann arbeite ich ganz automatisch an meinen Zielen. Mit Leichtigkeit und einem Hauch von Abenteuerlust fällt es mir leichter, meine Ziele zu entwickeln und in die Umsetzung zu kommen.

Lass dir durch die Liebe zu deinen Zielen den Weg zeigen.

Mache dich frei, von allem, was nicht deine Gedanken sind und genieße deine Ziele. Fühle dich gut damit und erfreue dich an ihnen. Atme sie ein und mache sie bunt, laut, erfrischend und hörbar. Genieße sie vollkommen und tue all das, was dich auf deinem Weg zur Zielerreichung in Freude baden lässt. Diese Haltung beflügelt nicht nur dich, sondern auch dein Umfeld und dadurch wird deine Zielerreichung beschleunigt. Wenn du sichtbar und spürbar in deiner Liebe zu deinen Zielen bist, dann blühst du auf und das ist ansteckend. Türen öffnen sich und enthüllen neue Möglichkeiten.

Jeder von uns hat sich sein Leben lang bewusst oder unbewusst Ziele gesetzt und diese erreicht. Beobachte dich selbst dabei, was in dir vorgeht. Was hast du getan? Welche Glaubenssätze haben Macht über dich? Welche Gewohnheiten hast du etabliert?

Mache dir bewusst: wenn du wirklich etwas verändern willst, dann ist jetzt der Moment dazu. Sei es eine Veränderung im Denken, im Verhalten oder im Umsetzen zwischen Wahrnehmung und Handlung. Nimm dir Zeit, das genau zu betrachten. Welche Sprache sprichst du? Welche Bilder pflegst du? Hörst du deinem Umfeld zu? Wie reflektiert bist du? Nimmst du dich selbst genug wahr? Bin ich Profi darin, zu spüren, was meine Impulse sind? Gönne ich mir die benötigte

Ruhe?

Um dir klarer über deine Ziele zu werden, kannst du folgende Übung machen:

Hole dir ein Blatt Papier und mache es dir in deinem Lieblingsraum gemütlich. Mache dir schöne Musik an oder zünde dir eine Kerze an. Was immer du brauchst, um dich wohl zu fühlen. Nun versiehst du das Blatt mit der Überschrift „Meine Ziele". Anschließend schreibst du an der linken Seite die Buchstaben von A bis Z untereinander. Lass dich nun auf das Thema ein und schreibe bei jedem Buchstaben die Worte hin, die dir zu diesem Anfangsbuchstaben in den Sinn kommen. Neben „A" kann zum Beispiel das Wort „Abenteuer" stehen oder bei „K" das Wort „Kreativität". Betrachte hinterher die Worte und gehe sie der Reihe nach durch. Schau, was für ein Bild daraus entsteht und ob da irgendetwas sichtbar wird, was dir bislang nicht bewusst war.

Welche Gedanken kommen jetzt ins Spiel? Welche neuen Impulse bezüglich deines Ziels haben sich aufgrund dieser Liste gezeigt?

Mit dieser Methode kommst du deinen bewussten wie unbewussten Zielen ein ganzes Stück näher.

Schritt 4 - Vertraue der Liebe und der Intuition

Seiner Intuition, seinem Bauchgefühl zu folgen, hat etwas Magisches. Doch für die meisten Menschen ist es gefühlt etwas, was andere tun – nicht man selbst. Die Sehnsucht, sich von der Intuition treiben zu lassen, ist daher bei vielen Menschen groß. Dabei lässt sich jede Person jeden Tag von ihr leiten. Am deutlichsten passiert das in Verbindung mit starken Emotionen. Personen, die sich ärgern, reagieren beispielsweise sehr schnell aus einem Impuls heraus. Sie sagen Dinge, die sie später mehr oder minder bereuen, oder lassen sich zu schnellen Entscheidungen verleiten. Auch bei Mitgefühl mit einer anderen Person weist uns die Intuition an, den anderen zu trösten oder ihn spontan in den Arm zu nehmen. Zwischen diesen starken Gefühlen gibt es aber auch ganz viele Nuancen.

Aus meiner Perspektive ist Intuition all das, was einfach in den Sinn kommt. Das mag ein Gedanke sein, ein Bild im Kopf, eine Idee oder ein Impuls, der wahrgenommen wird.

Diese Dinge sind einfach da, ohne darüber groß nachgedacht zu haben. Intuition ist ein Gespür, ein Gefühl, das sich nicht im Kopf abspielt. Sie ist keinem Prozess zuordenbar, denn sie ist plötzlich da und in diesem Moment nicht erklärbar. Die Intuition rückt in den Fokus, da sich ein Teil tief in mir damit beschäftigt. Jeden Tag sind wir tausenden von Reizen ausgesetzt. Viele tausend Entscheidungen trifft ein Mensch pro Tag. Um das bewältigen zu können, läuft in uns ein ständiger Prozess des Filterns nach Relevanz. Unser System muss die wichtigen Dinge in unser Bewusstsein schieben, damit wir durch das Leben kommen und den Tag heil überstehen. Es kann uns daher nicht alles bewusst sein, womit wir uns beschäftigen. Die Frage ist daher eher, wie relevant etwas für uns ist. Manchmal rückt sich etwas auf leisen Sohlen in unser Bewusstsein. Manchmal eher wie ein Hammerschlag. Wenn wir dem keine Aufmerksamkeit schenken, kommt es meist immer dicker, bis wir aufwachen und etwas verändern. All das ist die Bandbreite von Intuition. Gelingt es uns, unsere Intuition wahrzunehmen und ihr zu folgen, öffnen wir Raum und Tor für wundersame Wendungen.

In den frühen 90er Jahren hatte ich den Wunsch, mich beruflich zu verändern. Ich strebte nach einem höheren Einkommen und persönlicher Weiterentwicklung. Zu dieser Zeit waren gefühlt alle in der Versicherungs- oder Immobilienbranche tätig. Also entschloss auch ich mich dazu, als Immobilienmaklerin arbeiten zu wollen.

Aus einem Impuls heraus kaufte ich mir die Kreiszeitung. Jedoch las ich mir nicht die Stellenanzeigen durch, sondern schlug einer Eingebung folgend den Immobilienteil der Zeitung auf. Da ich immer schon großen Wert auf schöne Dinge legte, ließ ich die Anzeigen auf mich wirken. Bei den beiden Firmen mit den schönsten Anzeigen bewarb ich mich.

Kurz darauf erhielt ich ein Antwortschreiben von einer der beiden Firmen. Ich wurde umgehend zu einem Vorstellungstermin eingeladen. Das verwunderte mich, denn ich hatte mich ja nicht auf eine Stellenanzeige beworben, sondern eine Initiativbewerbung geschickt. Es stellte sich heraus, dass die Firma – die damals größte Immobilienfirma in Frankfurt – einen neuen Standort in Stuttgart eröffnen wollte. Ein paar Tage später hatte ich einen Termin mit dem Chef. Ich erhielt einen Arbeitsvertrag und einen schönen Mercedes als Firmenwagen.

Wie du lernst, deine Intuition zu spüren und ihr zu vertrauen

Der eigenen Intuition zu folgen ist anfangs nicht leicht. Zu stark sind die Ängste, etwas falsch zu machen. Zu groß die Unsicherheit, ob unsere Intuition verlässlich ist. Auch entsteht oftmals Angst, zu viel von sich preiszugeben oder zu viel Liebe zu zeigen und dann verletzt zu werden. Bei mir ist es gerade das, was Menschen an mir mögen. Dass ich meiner Intuition folge und eine geradlinige und offene Art habe, die Dinge auszusprechen. Im übertragenen Sinn haben Menschen nicht selten deshalb ihren Emotionen die Zwangsjacke angezogen.

Aus meiner Sicht gibt es nicht zu viel Liebe. Auch kann das Herz nicht zu weit geöffnet sein. Denn öffnen kann ich es nur, wenn ich mir sicher bin, dass mich nichts verletzen kann. Mit der Sicherheit, dass ich in Ordnung bin, wie ich bin, und andere in Ordnung sind, wie sie sind, kann meinem Herzen nichts passieren. Es kann nichts Negatives herein, weil es in meiner positiven Energie aufgelöst wird. Das Problem kann noch so groß sein. Wenn ich mit der Haltung herangehe, dass ich frei bin und keine Manschetten tragen muss, dann habe ich einen großen Schritt in Richtung Vertrauen getan.

Um meine Intuition zu leben, braucht es Vertrauen statt Angst.

In einem ersten Schritt ist es daher hilfreich, Abstand zu gewinnen und wahrzunehmen, was genau in mir vorgeht. Fern ab von äußeren Einflüssen oder den eigenen rein kognitiven Gedanken. Dabei beobachte ich auch, was ich denke oder ausspreche. Auf dieser Metaebene schaffe ich es, mich mit der Zeit zur Expertin für mich selbst auszubilden.

Zwei Übungen möchte ich dir mit auf den Weg geben, um zu trainieren, deine Intuition wahrzunehmen und ihr zu vertrauen:

Die erste Übung geht auf das bereits bekannte „Journaling" zurück. Nimm dir dafür morgens die Zeit und schreibe all das auf, was dir in dem Moment in den Sinn kommt. Alternativ kannst du dir auch Audios aufnehmen, so lässt sich die Methode beispielsweise auch auf dem Weg zur Arbeit einbinden. Auf diese Weise wird die Wahrnehmung für deine Gefühle und Stimmungen gefördert. Dabei lernst du, dir bewusst zu machen, was in dir vorgeht, und das in Worte zu fassen.

Die zweite Übung soll dich zurück ins Vertrauen bringen. Der Arbeitsauftrag lautet, Dinge anders zu machen als sonst. Beispielsweise kannst du intuitiv einkaufen gehen. Verzichte auf einen Einkaufszettel und kaufe nur das, worauf du Lust hast. Studiere nicht wie sonst die Inhaltsstoffe auf den Verpackungen, sondern wähle das Produkt, das sich gerade passend anfühlt. Oder stelle dir morgens keinen Wecker, sondern verlasse dich auf deine innere Uhr. Geh ins Vertrauen und habe die Gewissheit: es wird alles richtig laufen und wenn nicht, ist es auch ok.

Die Wechselwirkung von Zielen und Intuition

Die Intuition hat einen nicht zu unterschätzenden Einfluss auf unsere Ziele. Andersherum wirken unsere Ziele aber auch auf unsere Intuition. Was immer ich bei meiner Zielsetzung niedergeschrieben, an die Wand gehängt, als Ziel definiert habe, ist tief in meinem Unterbewusstsein. Denn die Ziele richten sich an unserer Intuition aus. Unsere Intuition ist Teil unserer inneren Haltung und diese steht am Anfang von unseren Gedanken, Gefühlen, Handlungen und infolgedessen unseren Resultaten. Daher sollte dir bewusst sein:

Das Zusammenspiel zwischen unserer Intuition und unseren Zielen macht später den Flow aus.

Schritt 5 - Transformiere störende Einflüsse

Störende Einflüsse können in vielen verschiedenen Formen auftreten. Lampenfieber oder die innere Aufregung in Bezug auf den nächsten Karriereschritt, enormer Leistungsdruck oder das Gefühl einer inneren Enge, die mich handlungsunfähig macht. Klassische Gedankengänge sind „Ich traue mich nicht“ oder „Ich schaffe das nicht“. Auf der anderen Seite kann sich auch das Gegenteil störend auswirken. Manche Personen legen eine überhebliche Haltung an den Tag. Sie denken, dass sie alles schaffen, überschätzen sich aber in Wahrheit.

Die Balance zwischen diesen Polen zu finden, ist oft nicht einfach. In beiden Fällen fehlt das Vertrauen, dass sich die Dinge gut fügen werden. Oder es fehlt das Wissen, welche Schritte als nächstes notwendig sind. Millionen Fragen tauchen auf, bleiben jedoch unbeantwortet, weil nur noch Unsicherheit herrscht. Die Erwartungen, die das Umfeld und man selbst an sich stellt, erhöhen den Druck und bestärken die Selbstzweifel.

Auch ich selbst war schon einer Selbstüberschätzung unterlegen. Mit dem festen Ziel, Immobilienmaklerin zu werden, ging ich in ein Bewerbungsgespräch mit einer Firma. Der Chef schätzte mich von außen betrachtet ganz anders ein. Er sah, dass ich noch nicht so weit war, um diese Funktion zu erfüllen. Gemeinsam entwickelten wir eine Idee davon, welche Stelle für mich passen würde. Das Endergebnis war, dass ich als Direktionsassistentin anfing – ein Job, der meinen Stärken und Vorerfahrungen entsprach. Dennoch behielten wir die Option im Hintergrund, dass ich irgendwann mein eigentliches Ziel, als Immobilienmaklerin zu arbeiten, erreichen werde. Einige Zeit später gelang mir dies.

Dieser Werdegang ist mir lediglich gelungen, weil ich direkt im Bewerbungsgespräch einen störenden Faktor eliminierte. Zuvor hatte ich eine klare Idee, wie das Gespräch laufen sollte und welches Endergebnis feststehen musste. Das Festhalten an einer bestimmten Vorstellung hat mich schon des Öfteren auf meinem Karriereweg, aber auch im Privatleben, in eine Sackgasse geführt. Meine Sturheit und meine klaren, kompromisslosen Vorstellungen haben mich bereits viel Kraft gekostet. Das hat sich auch an meinem Rheuma bemerkbar gemacht.

Im Gegenzug dazu hat sich alles gefunden, solange ich ergebnisoffen blieb und mit Spaß an der Freude bei der Sache war.

Heute würde ich sagen, dass ich diese starre Denkweise komplett abgelegt habe. Die Vorteile einer offenen Grundhaltung liegen für mich auf der Hand. Sicherlich denkst du jetzt, dass dies den allgemeinen

Empfehlungen widerspricht, sich bei der Zielformulierung das fertige Ergebnis detailreich vorzustellen. Viele Menschen kommen mit dieser Methode auch gut zurecht. Wichtig ist jedoch, dass du deinen eigenen Weg findest. Nicht jeder fühlt sich mit solchen Methoden wohl und viele Menschen verzweifeln daran, weil sie denken, es nicht richtig hinzubekommen. Doch auch ich habe diese Bücher im Schrank, die solche Methoden beschreiben.

Meine Erfahrung ist: finde heraus, was dir dient. Ich selbst habe eine große Freude daran, dass sich mein Leben entwickelt. Das ist meine Richtung und so kann jeder seinen eigenen individuellen Weg entwickeln. Probiere selbst unterschiedliche Methoden aus und achte darauf, was sich für dich gut anfühlt. Kombiniere die Methoden, wie sie dir stimmig und effektiv vorkommen.

Wie erkennst du störende Einflüsse und wie kannst du sie eliminieren bzw. das Wissen nutzen?

Mein beruflicher Karriereschritt zur Immobilienmaklerin hatte mich für einige Zeit mit Freude erfüllt. Ich stürzte mich freien Herzens in die Tätigkeit und mein Engagement wurde schon bald mit Erfolg gekrönt. Doch dann stellten sich die ersten Schmerzen an meinem Körper ein, die nach und nach immer stärker und qualvoller wurden. Ich war unglücklich und fühlte mich bedrückt. Meine Ergebnisse blieben weit unter den angestrebten Zielen. Von meinem Chef wurde ich in einem Meeting sogar als Negativbeispiel herangezogen. Denn meine Kund:innen waren Feuer und Flamme für meine Immobilien, doch ich schaffte es nicht, die Abschlüsse zu erzielen. Der Druck war enorm. Vor allem der Druck, den ich selbst auf mich ausübte. Irgendwann merkte ich, dass meine Kräfte am Ende waren. Ich reichte die Kündigung ein und siehe da: es ging mir auf Anhieb wesentlich besser.

Aus dieser Erfahrung heraus weiß ich, dass es seine Zeit braucht, bis störende Einflüsse erkannt werden und auch aus voller Überzeugung heraus beendet werden können. Je geübter wir in unserer Wahrnehmung sind, desto besser kann uns das gelingen.

Beobachte, was dich glücklich macht. Lenke den Fokus darauf, was du haben möchtest und was dir gut tut. Wie würde dein Tag aussehen, damit du dich rundum wohlfühlen würdest? Verändere deinen Fokus. Auch in einer Situation, die vielleicht sogar die völlige Katastrophe ist, kann deine Schlüsselfrage lauteten: was ist das Gute daran? So schrecklich die Situation ist, verändere deinen Fokus. Achte darauf, wo du hinschaust. Wir finden, was wir suchen. Wenn du dich aufregen möchtest, findest du Dinge, die dich aufregen. Wenn du es leicht haben willst, dann schau dahin, wo es gut ist. Schreibe es dir als Erinnerung auf ein Blatt Papier und hänge es dir gut sichtbar an eine Wand.

Jahrelang hatte ich ein solches Blatt Papier in meiner

Küche hängen mit zwei Fragen darauf:

1. Was ist das Gute daran?
2. Wie kann es jetzt leicht gehen für mich?

Alles, was keine Antwort auf diese Fragen gibt, kann getrost aus deinen Gedanken gestrichen werden. Die Aufmerksamkeit darauf lohnt sich nicht.

Sei dir aber bewusst, dass nicht alle störenden Einflüsse schnell beseitigt werden müssen. Manchmal gehören sie auch zu deinem Werdegang und schenken dir wesentliche Erfahrungen. Wenn du genau hin spürst, erkennst du schnell den Unterschied. Gerade wenn du darin geübt bist. Stellen sich dir die Nackenhaare auf und du hast das Gefühl daran zugrunde zu gehen? Oder ist es nur eine anstrengende Phase?

Achte darauf, was du in deinem Leben finden willst.

Schritt 6 - Strahle die Liebe zu deiner Karriere aus

Neulich im Auto hörte ich im Radio, dass ca. 60% der Deutschen ihren Job wechseln möchten, die Arbeitszeit verkürzen oder gar nicht mehr arbeiten wollen. Das Thema beschäftigte mich sehr, so dass ich kurz darauf mit einer Freundin über die Gründe diskutierte. Nach einigem Nachdenken darüber, ist meiner Meinung nach nicht die generelle Unlust an der Arbeit ausschlaggebend. Denn aus meinem Empfinden heraus haben Menschen eine große Freude daran, Neues zu erschaffen, Ideen zu entwickeln und diese umzusetzen. Dabei sehe ich bei einem großen Teil der Gesellschaft ein starkes Engagement, viel Fleiß und Ehrgeiz.

Sobald Menschen jedoch das Gefühl haben, dass ihre Arbeit nicht wertgeschätzt wird, entsteht eine Dysbalance. Dadurch macht sich eine Unzufriedenheit breit. In meiner Beratertätigkeit erlebe ich es zudem häufig, dass meine Klient:innen sich nicht angemessen bezahlt fühlen. Das betrifft nicht nur Angestellte, sondern auch Selbständige, deren Leidenschaft schließlich darunter leidet.

Manchmal liegt die Ursache auch in anderen Umständen. Wenn man zu viel Druck oder Last empfindet oder in Verantwortung für Dinge gezogen wird, für die man nichts kann, lähmt und belastet das.
Schauen wir uns die aktuelle Situation an: seit dem Jahr

2020 ist die Corona-Krise beherrschendes Thema gewesen. Die Menschen waren zutiefst besorgt. Sie sorgten sich um ihre eigene Gesundheit und die ihrer Liebsten, um ihre Jobs oder ihr eigenes Unternehmen. Viele waren einsam oder hatten keinen privaten Ausgleich mehr zur Arbeit, denn viele Freizeiteinrichtungen waren geschlossen. Gerade aus der Corona-Krise heraus, kommt nun die Energiekrise. Die Preise steigen, gewisse Produkte scheinen knapp zu werden. Erneut kommt ein gedanklicher Strudel an Sorgen und Ängsten in Gang.

Eine Frage formt sich in den Menschen: warum bringe ich meine Liebe, meine Strahlkraft in mein System, wenn das System nicht für mich arbeitet?
Die äußeren Umstände bringen uns aus der Ruhe und kosten uns viel Kraft. Die Energie reicht nicht mehr für alle Lebensbereiche und so projizieren wir unseren Unmut auf die Arbeit. In dieser Situation ist zu empfehlen, aktiv den Blick auf das Gute an der jetzigen Situation zu lenken. Selbst, wenn ich mit dem, was um mich herum passiert, kämpfe, kann ich mich selbst fragen, wie ich dafür sorgen kann, mir mit den zur Verfügung stehenden Mitteln meine Strahlkraft zu erhalten.

Wie kannst du trainieren, die Liebe zu deiner Karriere nach außen zu strahlen?

Das Gefühl der Liebe lässt sich wunderbar in Worte fassen. In der Regel machen wir das aber viel zu selten. Daher ist eine einfache Übung, dich in deiner gesamten Kommunikation komplett auf die Liebe einzustellen und diese verbal nach außen zu tragen. Beobachte, wie du normalerweise mit Menschen und dir selbst sprichst. Dann verändere deine Kommunikation und deine Umgangsformen. Sage mal andere, vielleicht auch nettere Dinge zu deinen Mitmenschen oder mache ehrlich gemeinte Komplimente. Richte auch deinen Tonfall an dem Grundgedanken „Ich kann gar nicht genug lieben“ aus. Du könntest auch in deinen E-Mails die förmliche Grußformel „Mit freundlichen Grüßen“ durch eine herzlichere Formulierung ersetzen. Bereits solch kleinere Veränderungen können bei deinem Gegenüber ein ganz anderes Gefühl dir gegenüber hinterlassen.

Überlege dir an dieser Stelle auch, wie du mit Fehlern umgehen möchtest. Denn in solch angespannten Situationen fallen wir am leichtesten in alte Muster zurück. Liebevoll mit Fehlern umzugehen, will daher trainiert werden. Die entscheidenden Fragen, die du dir stellen solltest, lauten: wie gehe ich mit Fehlern um? Kann ich mir selbst oder anderen verzeihen und weitermachen? Was macht es mit mir, wenn ich die Schraube noch ein Stück enger drehe, im Vergleich dazu, wenn ich den Raum aufmache und mir die Möglichkeit zur Heilung gebe?

Zu Lieben ist die Sahne, diese auszustrahlen ist die Kirsche obendrauf.

Schritt 7 - Dankbarkeit

Die Worte „Danke“ und „Bitte“ gehören wohl zu den ersten Umgangsformen, die in der Kindheit anerzogen werden. Daher ist „Danke“ für viele Menschen wie eine Floskel. Eine aufrichtige Dankbarkeit zu spüren, kann schwierig sein. Die Frage, die sich daher stellt, ist, welche Relevanz Dankbarkeit hat.
Für mich hat es manchmal den Anschein, dass Dankbarkeit der Notnagel in der Krise ist. Wenn es nicht gut läuft, ich unglücklich bin oder in meiner Situation feststecke, dann wird Dankbarkeit gepredigt. Dementsprechend türmen sich in den letzten Jahren in jedem Buchhandel Berge an unterschiedlichen Dankbarkeitstagebüchern.

Aus meiner Sicht spricht nichts gegen diese Tagebücher. Doch zuvor sollte ich mir die Bedeutung von „Dankbarkeit“ bewusst machen. Was passiert in mir, wenn ich dankbar bin? Dankbarkeit verändert meine Gefühlswelt und meine Blickrichtung. Mittlerweile ist bewiesen, dass Dankbarkeit eine Auswirkung auf den Vagusnerv in unserem Körper hat. Dieser steht mit fast allen inneren Organen in Verbindung. Dankbarkeit wirkt sich also positiv auf unsere körperliche Verfassung aus.

Um Danke zu sagen, muss ich erst sehen, wofür ich dankbar sein kann. Der Blick wandert weg vom Haar in der Suppe, hin zu den leckeren Zutaten in der Suppe. Die Suppe wärmt mich und nährt mich. Wenn das

Haar außenvorgelassen wird, gibt es zahlreiche Gründe, warum die Suppe gut ist. Vielleicht nehme ich sogar wahr, dass ich überhaupt eine Suppe habe. Denn das ist nicht selbstverständlich. Ohne Suppe hätte ich kein Haar vor mir.

Manchmal wird Dankbarkeit auch von uns erwartet. Nicht selten fällt dabei der Satz: „Du bist undankbar". Solche Sätze haben jedoch nicht unbedingt etwas mit uns selbst zu tun, sondern oft mit der Person, die diesen Satz ausspricht. Wenn du dir jedoch solche Sätze zu Herzen nimmst, machst du dich automatisch selbst unglücklich.

Wenn ich mit solchen Aussagen konfrontiert werde, frage ich mich, ob diese Aussagen wirklich für mich sind. Ich höre es mir an und denke darüber nach. Wenn ich nichts mit dieser Aussage zu tun habe, dann sind mir die Sätze egal. Wenn ich die Aussage aber annehme und mich undankbar fühle, sollte ich dem auf den Grund gehen, um mich selbst besser zu fühlen. Was ist Dankbarkeit für mich? Wie kann ich ihr in meinem Leben mehr Raum geben?

Was passiert, wenn Dankbarkeit gelebt wird?

Das Prinzip der Dankbarkeit habe ich im Laufe meines Lebens perfektioniert. Ich kann mich über so vieles freuen und begeistern. Mein Fokus liegt ausschließlich auf den schönen Dingen dieser Welt. Bei mir hat fast nichts anderes mehr Platz.

Vor fast 20 Jahren sagte eine Freundin zu mir, dass ich keine gute Diskussionspartnerin sei. Ich würde in allem etwas Gutes finden. Mit mir könne man sich gar nicht ärgern oder streiten. Mag diese Haltung andere nerven, mir selbst hilft sie ungemein. Egal was im Leben kommt – ich kann sofort alles ins Positive wenden.

Leider sind Menschen darauf konditioniert zu meckern und das Negative zu suchen. Diese Prägung beginnt schon in der Schule. Bei jeder Arbeit werden die Fehler gesucht und rot angestrichen. Wieso kann nicht das gesucht und angestrichen werden, was gut gemacht wurde? Von genau diesem Mechanismus leben die klassischen Medien. Viral gehen schlechte Nachrichten, Dramen, Krisen, Streitereien oder Gerüchte. Nachrichten über großartige Projekte oder Gelungenes kommen kaum durch. In einer Randspalte habe ich neulich beispielsweise von einem Unternehmer in den USA gelesen, der sein Milliardenunternehmen verschenkt hat, um Gutes für die Klimakrise zu tun. Keine andere Zeitung berichtete davon. Das Geschäft der Medien mit unseren Prägungen führt dazu, dass diese immer weiter verfestigt werden.

Auf der Landstraße fuhr ich vor einigen Wochen einem Auto hinterher. Es qualmte und im Laufe der Strecke nahm der Rauch immer weiter zu. An der nächsten Ortseinfahrt bog der Autofahrer in die erstbeste Straße ein und ich ertappte mich dabei, wie ich ihm am liebsten hinterhergefahren wäre. Auch, wenn das jetzt völlig verrückt klingt, aber ich wollte schauen, ob das Auto wirklich anfängt zu brennen. Gut, dass ich mich schnell besinnen konnte.

In solchen Momenten frage ich mich, ob wir einen Trieb in uns haben, der das Drama liebt. Wenn es zu ruhig ist, wenn da nur Dankbarkeit ist, dann scheinen sich viele Menschen zu langweilen. Viele denken, dass das Leben nicht nur aus Ruhe und Glückseligkeit besteht. Aber ich frage mich: Wieso soll es nicht so sein? Wieso kann es nicht Friede, Freude, Eierkuchen sein?

In früheren Zeiten hat diese Konditionierung auf das Negative und Gefährliche das Leben gerettet. In der Steinzeit saßen die Menschen im Gebüsch und haben nach den Streifen des Säbelzahntigers Ausschau gehalten. Alles drehte sich um das Überleben und so musste alles eliminiert werden, was das Leben kosten könnte. Aus diesen Urzeiten heraus scheinen wir diese Prägung noch in uns zu haben. Doch heute kommt kein Säbelzahntiger mehr um die Ecke. Heute grenzen die wenigsten Probleme an unser Überleben. Wenn der Kontostand seit Jahren unterirdisch ist, droht vielleicht die Privatinsolvenz. Aber in der Regel überlebt man auch das. Hinzu kommt, dass viele Menschen ihre Emotionen nicht mehr regulieren können. Sie geben ihnen nach und können nicht mehr an sich halten, wenn es ans Tratschen geht. Obendrauf kommen Glaubenssätze wie „Es kann nicht immer gut sein“. Zwangsläufig suchen sie nach dem Schlechten, damit es danach wieder gut werden kann.

Diese Prägungen, Glaubenssätze und Denkweisen zu verwandeln, ist eine Herausforderung. Doch solche Dramen wegzulassen und die Perspektive zu ändern, bringt Dankbarkeit. Ein Höchstmaß an Dankbarkeit zu entwickeln, sollte eines der obersten Ziele für unsere Entwicklung sein. Dankbarkeit schenkt eine innere Stärke und das Wissen, dass uns nichts erschüttern kann. Egal was kommt. Sie gibt uns Halt, weil ich spüre, dass ich mit allem umgehen kann. Vielleicht ist es neu und ungewohnt und ganz anders als jetzt. Aber ich werde mich zurechtfinden. Das ist Freiheit.

Wie Dankbarkeit trainiert werden kann

Gehe einmal tief in dich und erinnere dich an eine Situation, die dich vor Dankbarkeit zu Tränen gerührt hat. Lasse das Gefühl der Dankbarkeit nochmal in dir hochkommen und genieße es. Speichere diesen Moment in dir, so dass du ihn jederzeit parat hast. Setze dich nun hin und schreibe nieder, für welche Dinge du in deinem Leben dankbar bist. Binde die Dankbarkeit aber auch aktiv in deinen Alltag ein. Denke bei jeder passenden Gelegenheit „Ich bin dankbar" oder lasse das Wort „Danke" öfter in deinen Sprachgebrauch einfließen. Bedanke dich bei Mitmenschen bewusst, schaue ihnen in die Augen und sprich deinen Dank aus. Indem du der Dankbarkeit bewusst mehr Raum gibst, schaust du auch genauer hin, wofür du eigentlich dankbar bist. Mit der Zeit erlangst du eine Routine und es kommt immer mehr Dankbarkeit in dein Leben.

Dankbarkeit ist der Balsam, der die Seele zum Blühen bringt.

Schritt 8 - Ziehe deine Traumkarriere durch Liebe und Begeisterung in dein Leben

Vor einiger Zeit hatte ich eine Kundin, die schon in der Schule aus purer Leidenschaft heraus Futter für ihre Kanarienvögel herstellte. Aus dieser Begeisterung heraus baute sie sich ein erfolgreiches Business für spezielles Vogelfutter auf, das sogar in Funk und Fernsehen bekannt wurde. Auch wenn andere diese Idee als Hirngespinst abgetan hatten, folgte sie ihrer Idee. Sie ist aus einer Überzeugung heraus alle Schritte gegangen, die notwendig waren, um aus ihrer Leidenschaft ein erfolgreiches Geschäft zu machen.

Das Beispiel zeigt: wenn ich viel für möglich halte, meiner Begeisterung folge und auch ins Tun komme, dann ist das die perfekte Basis für den Erfolg. Begeisterung ist ein Gefühl, das ziemlich dicht dran ist an der Liebe. Sie bringt uns Motivation, Freude, Lust, Glücksgefühle und diesen speziellen Hauch Liebe, aus dem eine Energie entsteht, die Berge versetzen kann. Je größer meine Begeisterung ist, desto kleiner sind die Probleme, die ich subjektiv wahrnehme. In einem Zustand der Begeisterung verspüre ich so etwas wie übermenschliche Kräfte, die mich über Probleme mit Leichtigkeit springen lassen oder die mir Probleme gar nicht erst eröffnen. Hindernisse, die für andere gigantisch sind, nehme ich dann nicht einmal wahr und was ich nicht wahrnehme, existiert für mich nicht.

Was, wenn die Begeisterung verloren geht?

Dass die Begeisterung verloren geht, kennen wir aus vielen Situationen. Lerne ich zum Beispiel einen Mann kennen, bin ich anfangs vielleicht hin und weg von ihm. Lerne ich aber im weiteren Verlauf Seiten an ihm kennen, die mir gar nicht gefallen, ist die anfängliche Begeisterung schnell wieder weg.

Durch meine Intuition kann ich fühlen oder mitbekommen, ob ein Thema immer noch solch euphorische Gefühle in mir weckt. Sollte es nicht so sein, ist das nicht falsch. Denn Begeisterung ist ein fließendes Gefühl, es kann kommen und gehen, abflauen oder noch stärker werden.

Eine Begeisterung darf heute glühend
und morgen weg sein.
Das ist in Ordnung.

Der Grund für eine schwindende Begeisterung ist meiner Meinung nach fast immer gleich. Wenn mir meine Begeisterung für das Thema verloren geht, dann ist das Thema zu sehr im Kopf angelangt. Mein Fokus verschiebt sich und ich bin nicht mehr auf der Suche nach Lösungen, sondern nach dem Negativen. Problemfokussierung schmälert und beeinträchtigt das Gefühl der Begeisterung. Zwar kann ich das Thema ziehen lassen, wenn meine Begeisterung weg ist. Jedoch sollte ich genau in mich hineinspüren. Ist es für mich in Ordnung, das Thema bleiben zu lassen, oder ist da noch etwas, was mich daran festhalten lässt? Bin ich im Reinen damit, es ziehen zu lassen? Oder fühle ich mich schlecht dabei?

Schon immer war ich ein absoluter Nudel-Fan. Eine gute Pasta ruft sofort meine Glücksgefühle hervor. Mich wurmte es, dass es an jeder Ecke Pommes- oder Imbissbuden gab, aber nie einen Nudel-Stand. Hätte es diesen gegeben, wäre ich wohl Stammkundin gewesen. In jungen Jahren machte sich in mir sogar schon mal die Idee breit, diese Marktlücke zu schließen und selbst einen solchen Stand zu eröffnen. Ich ließ diesen Gedanken ziehen und Jahre später entwickelten sich einige bekannte Marken, die genau meine Idee ganz erfolgreich umgesetzt hatten. Es ärgerte mich zunächst maßlos, dass ich die gleiche Idee schon mit 15 Jahren hatte und dennoch nicht selbst umsetzte. Wie erfolgreich, hätte ich damit sein können?
Ein paar Jahre später ist mir in meiner Wohnung die

Waschmaschine kaputt gegangen. Kurz vorher war ich auf einen Besuch bei meiner Schwester in New York. Dort gibt es an jeder Ecke einen Waschsalon. In mir tat sich die Idee auf, dass es einen Waschsalon auch in meiner Stadt bräuchte. Umgesetzt habe ich die Idee aber nie. Nun könnte ich durch mein Leben laufen und mich als Versagerin fühlen, weil ich zwei erfolgsversprechende Ideen verworfen habe. Letztendlich haben wir Menschen eine Million Ideen, von denen aber die wenigsten realisiert werden. Grundsätzlich ist das eben auch nicht schlimm. Wir können nicht alles verwirklichen, was uns in den Sinn kommt. Trotzdem sollte es uns dabei aber gut gehen. Das gelingt, indem wir uns an der Kreativität und unseren Ideen erfreuen.

Und irgendwann kommt der Punkt, an dem wir eine Idee umsetzen wollen – koste es, was es wolle.

Meine Begeisterung regelt mein ganzes Leben und je besser ich sie spüre, desto einfacher gehe ich damit um. Wenn die Begeisterung sinkt, spüre ich dem nach. Ist da noch ein Fünkchen, das die Begeisterung wieder aufflammen lassen könnte? Lohnt es sich, am Thema festzuhalten? Die Kunst ist, nicht zu verbissen zu sein. Lass es laufen, habe Spaß an deiner Begeisterung und deinen Ideen. Und sei dir bewusst: mit dem, was ich hinein gebe, steuere ich, was hinten rauskommt. Auch monetär. Bist du mit Begeisterung bei der Sache, dann wird am Ende ein positives Resultat auf dich warten.

Begeisterung öffnet dir auch bei anderen Menschen Tür und Tor. Denn nichts kann so ansteckend sein, wie ein leidenschaftlicher, begeisterter Mensch. Wenn du eine solche Ausstrahlung hast, können Menschen nicht anders, als mit dir zu gehen. Durch Begeisterung hast du eine andere Körperhaltung, eine andere Körpersprache, einen anderen Blick in die Welt und das strahlst du deutlich sichtbar und spürbar aus.

Es gibt jedoch auch Menschen, die sich für alles begeistern können. Ich selbst gehöre zu diesen. Es gibt kaum einen Beruf, der mir nicht gefallen würde. Wichtig ist, sich zu fokussieren und Prioritäten zu setzen. Lerne dich kennen, hole dir, wenn nötig Hilfe, um herauszufinden, was dein Herz am höchsten schlagen lässt. Die meisten Leidenschaften ziehen sich wie eine Spur durch unser Leben. Mache dir aber auch bewusst, dass du all das, was dich begeistert, auch in irgendeiner Weise kombinieren könntest.

Auf der anderen Seite gibt es Menschen, die ihr Herzensding nicht finden. Diesen sollte klar sein, dass jeder Mensch eine Begeisterung in sich trägt. Dennoch tritt sie nicht bei jedem Menschen gleich zutage. Die einen sprudeln über vor Begeisterung, bei anderen ist sie nach außen nicht sichtbar. Manchmal sogar so unsichtbar, dass die Person selbst die Begeisterung nicht bemerkt. Es gilt aufmerksam dafür zu werden, was in mir abläuft, wenn ich Freude und Begeisterung an mir wahrnehme.

Schritt 9 - Genieße den Moment

Immer, wenn ich in der Vergangenheit bei meiner Schwiegermutter zum Essen eingeladen war, konnte ich es kaum erwarten. Ich bin eine leidenschaftliche Esserin und sie war schon immer eine großartige Köchin. Auch meine Schwiegermutter freute sich, wenn ich mit am Esstisch saß. Der Grund war recht simpel: wenn ich gut esse, mache ich des Öfteren ein „Mmmm"-Geräusch. Sie freute sich und sagte dann: „Man hört, wenn es dir schmeckt." Meine Geräusche waren für sie pure Komplimente. So war ich ein gern gesehener Gast an ihrer Tafel.

Nicht nur beim Essen bin ich ein Genussmensch, sondern eigentlich in fast allen Lebensbereichen. Wenn ich genieße, fühle ich mich wohl, finde schöne Worte, habe ein Lächeln im Gesicht. Es breitet sich das Gefühl in mir aus, dass die Zeit stehen bleibt und alles um mich herum vergessen ist. Die Welt ist in solchen Momenten in Ordnung und ich verspüre eine tiefe Ruhe und Zufriedenheit. In Genussmomenten wünsche ich mir, dass sie niemals enden würden.

Im alltäglichen Trubel fällt es oft nicht leicht, diese Augenblicke zu genießen. Der Alltagsstress geht soweit, dass viele gar nicht mehr merken, wenn der Genuss verloren gegangen ist. Wie ist das bei dir? Wann war der letzte Moment, in dem du etwas vollkommen genossen hasst? Was hast du dabei gemacht? Was tut dir gut? Was gibt dir Kraft?

Forsche in deinem Leben nach den Genussmomenten und erstelle dir eine Genussliste. Schaffe Raum und Zeit, diese Dinge zu tun.

Das Genießen bedient all unsere Säulen, die standhaft sein müssen, wenn es stressig wird. Zu wissen, wie ich Kraft tanken kann und was mir gut tut, hilft mir dabei, schneller und besser auf äußere Umstände reagieren zu können. Auf meinem Instagram-Profil habe ich vor Kurzem ein Bild meiner Wimperntusche hochgeladen. Meine Morgenroutine, zu der auch das Schminken gehört, verschafft mir nämlich schon morgens pure Glücksgefühle. Ich genieße es, mich in aller Ruhe hübsch zu machen. Mein Kleiderschrank ist wie meine eigene Boutique. Mit den Überlegungen, wie ich mich schminke oder welchen Duft ich auftrage, bediene ich schon früh morgens meine Genusspalette. Es schafft mir mein eigenes Mädchenparadies, in dem ich mich pudelwohl fühle.

Zu wissen, dass ich so ticke, ist das eine. Sich dafür Zeit zu nehmen, ist das andere. Zwischen Arbeit, Kindern, Partnerschaft und Freizeitstress werden solche Genussmomente, die nur für uns alleine da sind, am schnellsten gestrichen. Doch Genuss macht den Unterschied. Wie wichtig ist es mir also, jeden Moment meines Lebens zu genießen? Was will ich finden in meinem Leben?

Wenn ich für mich entschieden habe, dass ich eine Aneinanderreihung an schönen Momenten haben will, dann habe ich mir eine Aufgabe gestellt. Denn das heißt, dass ich jeden Augenblick wahrnehmen und bedeutend machen möchte. Vorangegangene Augenblicke werden irrelevant, denn es gibt immer nur den einen Moment.

Den Moment zu genießen, ist das Beste, was wir tun können.

Die Entscheidung, jeden Moment bedeutend zu machen, erfordert Training. Ich übe von Moment zu Moment hier zu sein und entstehen zu lassen, was dadurch möglich ist. Wenn ich weiß, dass das Universum immer um mich ist und verstärkt, was von mir aus da ist, dann wirken alle positiven Kräfte. Dadurch wird das Leben leicht. Werde dir bewusst, dass alles, was du direkt machst, dir auch direkt gut tut. Tust du jedoch nichts, dann passiert aus nichts. Gehe daher in die Umsetzung!

Schritt 10 – Kreiere eine lebenslange Liebe zu deiner Karriere

Und schon bist du bei Schritt 10 angelangt. In diesem Abschnitt möchte ich dir mit auf den Weg geben, dass all diese Schritte nicht nur in Krisenzeiten zum Tragen kommen sollten. Es ist nämlich ein vollständiges Lebensmodell, welches dich auf deinem Weg stetig begleitet. Die Liebe ist kein abgeschlossener Bereich, genauso wenig wie es die Karriere ist. Eine Idee davon, wie du die Trennung dieser beiden Lebensbereiche auflöst, um einen daraus zu machen, hast du in diesem zweiten Teil des Buches erhalten. Nur durch die Verbindung von Liebe und Karriere kann ein Wunderpaket entstehen. Lass dich überraschen von dem Zauber, der dadurch in dein Leben kommt.

Sei dir dabei gewiss: wenn du in Liebe zu dir selbst stehst, ist es relativ egal, was in deinem Leben passiert. Das Wissen, dass du in Ordnung bist, wie du bist, schenkt dir die Fähigkeit gelassen die nächsten Schritte zu gehen. Konzentriere dich darauf, was das Gute an deiner Situation ist. Überlege dir in Ruhe, was du weiter mitnimmst auf deinem Weg, was du ziehen lässt oder worauf du Lust hast.

Sei offen für all die Möglichkeiten, die dir das Leben bietet, und zögere nicht, sie wahrzunehmen!

Mit dem Kauf dieses Buches hast du eine neue Richtung eingeschlagen. Du hast einen Einblick in das bekommen, was ich erfolgreich umgesetzt habe. Vielleicht hat dir mein Buch einen neuen Blick auf die Dinge im Leben eröffnet. Sicherlich ist schon einiges in dir in Bewegung gekommen, so dass du Veränderungen wahrnehmen kannst und auch bemerkst, an welcher Stelle neue Denk- oder Verhaltensweisen nötig sind.

Nach den Einblicken in diese zehn wesentlichen Schritte, stellt sich dir nun die Frage: was möchtest du vertiefen? In welchem Bereich möchtest du noch mehr verändern? Lass dich von deinem Gefühl leiten und sehe, wo dich der begonnene Weg hinbringt.

Das, was du in deiner Karriere tust, wirkt weit über dich hinaus. Es wirkt auf dich, dein Leben und auf die ganze Welt.

Teil 3

Klassische Karriereprobleme lösen

Viele Menschen haben tatsächlich die Vorstellung, dass Karrieremenschen keine oder kaum Probleme haben. Das Gegenteil ist jedoch der Fall. Karriere zu machen bedeutet viele Herausforderungen zu meistern. Doch auch diesem kann man mit Liebe begegnen.

Im letzten Teil dieses Buches möchte ich dir einige Hilfestellungen und Impulse für gängige Probleme, die den meisten Menschen irgendwann auf ihrem Karriereweg begegnen, an die Hand geben.

Unklarheiten der Aufgaben von Unternehmer:innen

Ich bin Unternehmerin – ein Satz, der in den Köpfen meines Gegenübers sichtbar ganze Filme ablaufen lässt. Sofort werden die gängigen Klischees abgespult: Unternehmer:innen scheinen das Expertentum für das jeweilige Fach gepachtet zu haben und wahre Alleskönner zu sein. Sie gelten als Workaholics, die bei sämtlichen Aufgaben im Unternehmen ganz selbstverständlich einspringen. Die Vielfalt der Aufgaben führt nicht nur zu Unmengen an Arbeit, sondern setzt ein breit aufgestelltes Wissen voraus. Im Gegenzug erfreuen sich Unternehmer:innen aber natürlich auch an ihrem enormen Einkommen. Allerdings neigen Unternehmer:innen auch dazu, ins Risiko zu gehen, und alles auf eine Karte zu setzen. So das Bild der Allgemeinheit.

Mein ganz persönliches „Heike-Wolfangel-Prinzip" sagt dahingegen etwas anderes. Für mich agieren Unternehmer:innen nach dem Lust-Prinzip. Den Ausschlag für das Unternehmertum gibt eine Idee, die den oder die Unternehmer:in mit Freude erfüllt. Auch wenn noch keine Umsetzungsmöglichkeit bewusst ist, ist der Spaß am Thema da und die Lösungen werden auf magische Weise angezogen. Denke zurück an mein Tortenbeispiel: in meinem Kopf habe ich eine absolute Traumtorte entworfen, ohne zu wissen, wie ich sie auf die Tortenplatte bekomme. Doch ich halte Ausschau nach allem, was mir dabei behilflich ist. Ich überlege, welches Wissen ich benötige, wer Geldgeber sein könnte und was es sonst noch braucht, damit ich meine Vision verwirklichen kann.

Aus meiner Perspektive heraus ist es daher die vorrangige Aufgabe des Unternehmers oder der Unternehmerin, die Liebe zum Thema weiterzutragen. Meine Werte weisen mir den Weg und ich weiche nicht von ihm ab, komme was wolle. Sie beeinflussen mein Unternehmen von A bis Z: das Arbeitsklima, die Pflege meines Kundenstamms, die Neukundenakquise, meine Auftragslage.

In mir herrscht eine absolute Klarheit, zu welchen Bedingungen ich mein Leben führen will, diese Werte lebe ich vor und lasse sie dadurch auch andere erleben.

Eine solche Grundhaltung beschränkt sich nicht auf den Beruf – sie ist auch für jeden anderen Lebensbereich maßgebend. Zu meinen persönlichen Werten gehören Ordnung und Schönheit. Ob in meinem Garten, in meinem Büro oder in meiner Werkstatt. Egal wo ich bin, erwartet mich ein sauberer, aufgeräumter und ansprechender Ort, der mich wohlfühlen lässt. In meinem Unternehmen liegt mir ein angenehmer Umgangston untereinander besonders am Herzen. Wird dies nicht eingehalten, stellen sich in mir sämtliche Antennen auf. Ich fasse nach, was gerade los ist und ob ich in irgendeiner Form unterstützen kann. Indem ich sensibel für den Umgangston und die Zwischentöne untereinander bleibe, schleichen sich keine unerwünschten Gewohnheiten ein. Dauerhaft ein Auge darauf zu haben ist unumgänglich, wenn klare Werte gelebt werden sollen.

Als Unternehmerin ist es meine Aufgabe, Wächterin der Werte im Unternehmen zu sein. In dieser Hinsicht bin ich in meiner Firma ein Alphatier, das auch bei Abwesenheit richtungsweisend ist. Ich weiß, dass sich alles zum Besten finden wird. Aus dieser Haltung heraus gelingt es, allen Mitarbeitenden ihren Spielraum zu lassen, um ihre Gaben und Fähigkeiten voll ausleben zu können. Immerhin sitzt an jeder Stelle in meinem Unternehmen eine Fachkraft, die ihre Aufgaben besser erfüllt, als ich es selbst könnte. Ich verlasse mich darauf, dass alles gut läuft und ich es anderenfalls erfahre.

Maximale Entfaltungsmöglichkeit ist daher ebenfalls ein Wert, den ich in meinem Unternehmen hochhalte. Wenn in unserem Team eine Idee vorhanden ist, dann entdecken wir gleichzeitig, welche Kapazitäten oder Fähigkeiten wir zur Umsetzung benötigen. Diese Idee mit Blick auf die benötigten Ressourcen lassen wir reifen und daraus etwas Neues entstehen. Bislang haben sich immer freiwillig Mitarbeitende in unserem Unternehmen gemeldet, die bei sich die entsprechenden Kompetenzen, Fähigkeiten und auch Zeitfenster festgestellt haben. Es braucht hierfür keine Unternehmerin, die rund um die Uhr am Rotieren ist.

Die Motivation meiner Mitarbeitenden ergibt sich aus ihrer eigenen Freude am Job und am Tun.

Sie befinden sich in einer Balance zwischen den Aufgaben, die erfüllt werden wollen, und den eigenen Ideen, wie sie die Aufgaben umsetzen. Auf diese Weise können sie ihre Kreativität und ihre Gaben ausleben. In Wahrheit treibt uns eine intrinsische Motivation an. Mein Unternehmen ist umgeben von zahlreichen starken und erfolgreichen Unternehmen.

Daher bin ich mir sicher, dass keiner meiner Mitarbeitenden des Geldes wegen in meinem Unternehmen arbeitet. Vermutlich würden wir alle woanders mehr verdienen. Was also hält sie im Unternehmen? Ich lege Wert darauf, dass meine Mitarbeitenden als Mensch und als Fachkraft wahrgenommen werden. Sie können sich darauf verlassen, dass ich das Unternehmen ernst nehme und es mir mindestens genauso wichtig ist, wie ihnen selbst. Sie können darauf vertrauen, dass ich vollkommenen Einsatz für das Unternehmen zeige und so das Wohlergehen des Unternehmens und die Existenz ihrer Arbeitsplätze sichere. Dieses Vertrauen bringen sie mir entgegen, auch wenn sie keinen direkten Einblick in meine tagtäglichen Aktivitäten haben. Vor einiger Zeit hatte ich einen Praktikanten, der das Unternehmertum kennenlernen wollte. Recht schnell war er irritiert, weil das Bild, das ich abgab, nicht seinen ursprünglichen Vorstellungen entsprach. Ich holte die Milch, füllte die Keksdose und kümmerte mich um neue Büromöbel. In meiner Arbeitszeit hat der Wohlfühlfaktor meiner Mitarbeitenden einen hohen Stellenwert.

Aus dieser Haltung heraus ist es nicht notwendig, dass ich in meinem Unternehmen rund um die Uhr anwesend bin. Mit meiner Energie und meiner Freude bin ich dennoch ständig präsent. Im Umkehrschluss wirkt diese Energie auch auf Mitarbeitende, die gerade an anderen Einsatzorten tätig sind. Ob sie auf Messen oder aus dem Homeoffice arbeiten.

Egal welche Distanz zwischen mir und meinem Team liegt, meine Haltung wirkt über die Entfernung hinaus. Diese Haltung besagt, dass es mich mit Freude erfüllt, was dort passiert. Optisch sichtbar durch meine Körperhaltung zeige ich diese kraftvolle, positive Haltung einer freudigen Unternehmerin. Wenn ich über meine Mitarbeitenden, mein Unternehmen oder meine Produkte rede, ist da nichts anderes als pure Freude. Auch wenn ich in den vorangegangenen Absätzen von Unternehmertum gesprochen habe, kannst du dir sicher sein, dass all das für jede Person und jede Position gilt.

Wir alle sind Wunderkinder, die mit ihrer Energie in ihrem Umfeld etwas bewirken können.

Als damalige Angestellte hatte ich mal einen cholerischen Chef, der regelmäßig Mitarbeitende anschrie. Alle, außer mich. Noch nie in meinem Leben ist jemand auf diese Weise mit mir umgegangen. Grund dafür ist, dass ich folgendes früh erkannte: egal an welcher Stelle ich mich gerade befinde, wenn ich daraus einen Teil meiner Karriere mache, dann ist das eine Haltung. Diese nehme ich an und verändere damit Dinge in meinem Umfeld. Menschen sind beispielsweise netter zu mir, obwohl ich noch nie den Wunsch nach mehr Nettigkeit geäußert habe. Wenn ich in mir etwas verändert habe, dann verändert sich etwas im Außen auf wundersame Weise. Das gilt für alle und für jede Position, auch außerhalb des Berufs.

In jedem Moment deines Lebens nimmst du auf deine Zukunft Einfluss.

Gehst du achtsam durch das Leben und bist mit deinen Werten stets verbunden, so hast du sensible Antennen, auch in herausfordernden Situationen. Es gelingt, zu reflektieren, wenn dich etwas oder jemand verärgert hat. Indem du in deiner Kommunikation, deinem erwünschten Umgang und deinen Werten bleibst, ziehst du neue, positive Veränderungen und Entwicklungen an. Aktuell steht die Wirtschaft einer enormen Lieferknappheit gegenüber. Lieferanten priorisieren daher genauestens, welche Aufträge sie zuerst abarbeiten. In der jetzigen Lage profitieren diejenigen Unternehmen, die eine gute Vorarbeit geleistet haben, indem sie ihre Geschäftsbeziehungen über lange Zeit gehegt und gepflegt haben. Im Umkehrschluss heißt das:

Die Beziehungspflege, die ich heute in etwas hineingebe, sichert mir in schwierigen Zeiten, dass Beziehungen belastbar sind.

Frage dich daher: was braucht die Beziehung heute, um sie zu stärken für das, was kommen mag?

Die Angst (nicht) zu scheitern

Ob bewusst oder unbewusst, die Angst zu scheitern sorgt bei einem großen Teil der Menschen dafür, dass sie hinter ihren Potentialen zurückbleiben. Die eigenen Erwartungen oder die Erwartungen anderer nicht zu erfüllen, fühlt sich nach einer Niederlage an, die durchlebt, ausgehalten und überwunden werden will. In vielen Fällen ist diese Niederlage auch für andere offensichtlich. Hinzu kommt daher die Sorge, die Anerkennung anderer zu verlieren oder den Meinungen anderer ausgesetzt zu sein. Letztendlich befeuert die Angst vor den Konsequenzen somit die eigentliche Angst vor dem Scheitern.

Bei einem Großteil der Menschen verbirgt sich hinter der Angst zu scheitern jedoch etwas anderes. Nämlich die Angst nicht zu scheitern, sondern erfolgreich zu sein. Auch hier spielt das Umfeld wieder eine nicht zu unterschätzende Rolle. Denn: wie würde mein Umfeld damit umgehen, wenn ich erfolgreich werde und viel Geld verdiene?

Ein Mensch, der gescheitert ist, wird immer getröstet. Das habe ich selbst erlebt. Durch einen kurzzeitigen wirtschaftlichen Einbruch waren wir vor vielen Jahren mal gezwungen, zu dritt von unserem geräumigen Haus in eine kleine 2-Zimmer-Wohnung umzuziehen. Die neue Wohnung befand sich nur eine Straße weiter. Selbst wenn ich es gewollt hätte: es wäre mir nicht mal möglich gewesen das zu kaschieren.

Die Sorge, wie das Umfeld auf unser Scheitern reagiert, hatte ich nicht. Sie wäre im Nachgang betrachtet auch völlig umsonst gewesen. An keiner Stelle wurde ich für unseren Misserfolg kritisiert. Ich wurde getröstet, aufgemuntert, unterstützt. Sogar das deutsche System hat Mitleid mit gescheiterten Menschen. Das soziale Netz fängt jeden auf – egal, wie tief er oder sie fällt. Was kann also im schlimmsten Fall passieren? Im schlimmsten Fall sorgt nicht mehr die Firma, nicht mehr mein Arbeitgeber oder ich selbst als Unternehmer:in für mich, sondern der Staat. Was also bedeutet „Scheitern" wirklich?

Aus diesem Blickwinkel heraus möchte ich eine neue These aufstellen:

Vielleicht ist die Angst vor dem Scheitern die anerkannte Ausrede dafür, nicht erfolgreich zu werden.

Halten dich Ängste von deinem nächsten Karriereschritt ab, dann schau genau hin und frage dich, welche Angst dich hemmt. Welche Geschichten erzählst du dir selbst? Was passiert im schlimmsten Fall? Spüre tief in dich hinein: wenn da eine Angst ist, die dich erstarren lässt, ist diese ein eindeutiges, ernstzunehmendes Signal. Nehme dich zurück und sortiere deine Möglichkeiten neu. Ist es aber nur pure Aufregung vor dem, was kommt, dann trau dich und überwinde deine Angst. Es wird sich lohnen. Den Unterschied zwischen diesen

Ängsten zu erkennen, fällt leicht, wenn du dich intensiv mit dir selbst beschäftig hast.

Stellt sich heraus, dass deine größte Sorge die Erwartung anderer ist, dann schau genau hin, wo dein Fokus liegt. Frage dich, ob du die Erwartungen deines Umfelds wirklich genau kennst und ob du dir sicher sein kannst, dass die Erwartungen so sind, wie du sie empfindest. An der ein oder anderen Stelle ist vielleicht Kommunikation nötig, um hier Klarheit zu schaffen. Vielleicht konzentrierst du dich gerade auch zu sehr auf die Herausforderung, das Problem oder die Erwartung anderer. Denke darüber nach, worum es wirklich geht und wie dein Handlungsspielraum konkret aussieht.

Vorhin habe ich die Frage in den Raum geworfen, was Scheitern bedeutet. Wenn du für dich eine Definition erstellst, könnte Scheitern als Erfahrung verstanden werden. An welcher Stelle in deinem Leben hast du etwas als Scheitern empfunden und kannst es nun neu bewerten, weil du im Nachgang einen Mehrwert darin erkennst? Möglicherweise hast du eine Beziehung beendet, dafür aber Jahre später deinen wahren Seelenpartner gefunden. Oder du musstest dein erstes Unternehmen aufgeben und kannst das dadurch gewonnene Wissen nun für den Erfolg deines zweiten Unternehmens nutzen.

Jeder von uns kann über solche Erlebnisse berichten. In der eigenen Vita zurückzublicken und solche Erfahrungen zu entdecken, kann lebensverändernd sein. Bewertungen können rückblickend betrachtet ganz anders ausfallen und emotionale Blockaden können auf diesem Weg geheilt werden. Wenn du im Wald spazieren gehst und vor einer Schlange erschrickst, schau näher hin: ist es eine Schlange oder nur die Wurzel eines Baumes?

Das Erkennen, dass etwas anders ist, als ursprünglich gedacht, ermöglicht es, die nächsten Schritte zu tun. Was ist es also, das dich erstarren lässt?

Zum Schluss dieses Abschnitts möchte ich dir noch etwas mit auf den Weg geben: die Angst an sich ist etwas absolut Menschliches. Sie gehört dazu und hat es möglich gemacht, dass es uns Menschen überhaupt noch gibt. Verurteile dich also nicht für deine Ängste. Entwickele ein Gefühl dafür, wann etwas bedrohlich ist und wann nicht. Nur so können Ängste dich nicht lähmen.

Zu hoher Erfolgs- und Leistungsdruck

Ein Arbeitstag kann in vielerlei Hinsicht stressig sein. Abläufe im Betrieb fühlen sich oftmals an wie ein Schraubstock, der sich immer weiter zudreht. Die herrschenden Bedingungen setzen einen unter Druck und zerquetschen buchstäblich. Es gibt keinen Handlungsspielraum, keine freie Zeit, keinen Freiraum, um sich auszuprobieren oder Fehler zu machen. Ein großes „Muss“ quetscht einen von allen Seiten in eine Form, die fast nicht mehr auszuhalten ist – weder psychisch noch physisch. Das sprichwörtliche Hamsterrad sieht von innen vielleicht aus wie eine Karriereleiter, doch von außen betrachtet ist es, was es ist: ein kleiner Käfig, der einen auf Trab hält und aus der Puste bring.

Nimmst du dieses Empfinden bei dir wahr, dann kannst du dich schon einmal feiern. Denn viele erkennen es nicht, bis der eigene Körper Warnsignale schickt. Nicht ohne Grund nimmt die Zahl der Burnout-Patient:innen stetig zu. Allein die Erkenntnis, dass du in solch einem Schraubstock oder Hamsterrad feststeckst, ist daher Gold wert.

Anschließend kannst du dich nun selbst hinterfragen: bist du wirklich auf dem Weg zu deinem Karriereziel? Welche Richtung willst du einschlagen? Was definierst du als Rückschritt? Für mich persönlich gibt es in solch einer Situation keinen Rückschritt. Es geht darum, die Augen dafür zu öffnen, wohin der Weg führt.

Erfolgs- und Leistungsdruck kann nicht nur im Außen entstehen, sondern auch in dir selbst. Bemerkst du an dir beispielsweise, dass du dich bei Lob nicht richtig freuen kannst, sondern lediglich das Gefühl hast, dass die Gefahr erstmal vorbei ist, dann schau genau hin: was hast du in dir verankert, weshalb du nicht mit Kritik umgehen kannst? Wie lobst du selbst andere Menschen? In welcher Haltung gibst du Kritik oder Anerkennung weiter? Was möchtest du in Wahrheit sagen und was sagst du wirklich? Änderst du etwas in dir selbst, dann ändert sich auch deine Wahrnehmung zu den Dingen, die zu dir gesagt werden.

Wirf einen genauen Blick auf das, was dir Druck bereitet und frage dich, welchen Spielraum du hast. In diesem Satz ist mir das Wort „Spiel" ganz wichtig, denn das Spielen ist für mich der großartigste Motor einer Karriere.

Ich werde erfolgreicher, wenn es mir leichtfällt und ich im Spielmodus bin.

Wusstest du, dass es einen Welttag des herzhaften Lachens gibt? Ich weiß das auch erst seit Kurzem. Jedenfalls hörte ich vor einigen Monaten einen Radiobeitrag zum Welttag des Lachens. Sie interviewten einen Clown, der in Kliniken Kranke und Sterbende besucht und zum Lachen bringt. Viele Menschen wundern sich, wenn ich das Wort „Spielen“ in Verbindung mit „Karriere“ verwende. Immerhin geht es im Job doch ernst zu. Wenn dem so ist, dann denke ich inzwischen immer an diesen Radiobeitrag. Nirgends geht es wohl ernster zu als in Kliniken, in denen es um Gesundheit oder Krankheit und sogar um Leben oder Tod geht. Wenn selbst dort gelacht werden kann, dann zeigt das, was das Spielen in einem Heilungsprozess für eine Bedeutung hat. Dieser Gedanke eröffnet eine neue Perspektive auf die Bedeutung des Spielens in der Karriere. Möglicherweise ist in einer Karriere oder bei Wirtschaftsaktivitäten nichts hilfreicher, als sich bildlich gesprochen eine Pappnase aufzusetzen und mal etwas ganz anderes, neues hineinzubringen - nämlich Leichtigkeit, Spaß und Liebe.

Dem Kontrollwahn verfallen

Eine Karriere ohne Kontrolle scheint oft undenkbar. Immerhin soll alles gut laufen, Geld soll hereinkommen und die Verpflichtungen gegenüber Kundschaft und Geschäftspartner müssen eingehalten werden. Letztlich versteckt sich hinter solchen Argumentationen eine gesellschaftlich anerkannte Variante von Kontrolle.

Doch was bedeutet Kontrolle in Wahrheit?

Es heißt: ich traue meinem Gegenüber nicht zu, dass er oder sie es genauso gut oder gar besser hinbekommt, als ich es tue. Es ist eine schön verpackte Art, dem anderen die Fähigkeit für die vollständige und gute Erfüllung seiner Aufgaben abzusprechen. Diese Verpackung liefert mir die beste Ausrede mir selbst und der Welt gegenüber, warum ich diverse Aufgaben selbst übernehmen muss. Immerhin vertrete ich eine Kontrollfunktion und dem würde niemand widersprechen.

Das Ausüben dieser Kontrolle hat jedoch seinen Preis. Es beeinflusst das Klima im Unternehmen und hat verheerende Auswirkungen auf die Mitarbeitenden. Kontrolle lähmt und verdirbt sämtliche Freude. Die Motivation wird zunichte gemacht, es folgen Resignation und Frustration. Sämtliche Lernprozesse werden gehemmt. Durch Kontrolle lasse ich meine Mitarbeitenden spüren, dass ich nicht an sie glaube. Höre ich also, dass gut 60% der Deutschen keine Lust mehr auf ihre Arbeit haben, frage ich mich automatisch, welche Rolle die Kontrolle gegenüber Mitarbeitenden dabei spielt. Ist es möglich, zu viel zu loben? Aus meiner Sicht ganz klar: Nein.

Denn die Freude zu teilen, bewirkt das Gegenteil.

Gibt mir ein Teammitglied Anlass, mich mehrmals am Tag über ihn zu freuen, dann gebe ich dieses Lob ungefiltert weiter. Diesem Impuls zu folgen und ihn auszusprechen, erhält meine Authentizität. Obendrein beeinflusst das jetzt auch wieder die Zukunft: Lob erzeugt in anderen Menschen, dass sie bestimmte Dinge künftig häufiger tun. Neulich überraschte meine Mitarbeiterin mich, indem sie mir unaufgefordert komplexe Exceltabellen erstellte und mir dadurch viel Arbeit abnahm. Meine Freude darüber gab ich direkt an sie weiter. Dabei stellte sich heraus, dass ich sie bereits im vergangenen Quartal dafür gelobt hatte, weshalb sie vermutete, ich würde mich auch dieses Mal wieder darüber freuen. Indem an Lob nicht gespart wird, werden mehrere Fliegen mit einer Klappe geschlagen: die Motivation wird gefördert, die Zukunft verschönert und das Miteinander verzaubert.

Anstelle von Kontrolle lohnt es sich daher, neue Wege einzuschlagen und Teamprozesse zu fördern. Letztendlich arbeiten alle an einem gemeinsamen Ziel, an dem alle mitwirken möchten und jede:r sein Möglichstes gibt, um es zu erreichen. Natürlich habe ich als Führungskraft ein Auge darauf, dass zum Beispiel Kund:innen ihre Rechnungen begleichen. Allerdings kontrolliere ich nicht die Buchhaltung an sich. Ich folge einem einfachen Prinzip. Wenn die Summen in den Konten nicht aufgehen, dann stimmt etwas nicht.

In einem guten Prozess fällt es auf, wenn etwas besser gemacht werden kann als es aktuell der Fall ist.

Kontrollsysteme an sich sind jedoch nicht per se schlecht. Im Vertrieb wird beispielsweise häufig die Angabe gemacht, dass 150 - 200 Telefonate pro Tag geführt werden sollen. Statistisch gesehen ruft diese genaue Anzahl an Anrufen eine zufriedenstellende Anzahl an Abschlüssen hervor. Erreicht ein Mitarbeiter diese Vorgabe nicht, so heißt das nicht zwangsläufig, dass er seine Abschlussquote nicht erfüllt. Vielleicht benötigt er weniger Anrufe, um bessere Ergebnisse zu erzielen. Andersherum kann die geringere Anrufzahl jedoch auch ein Hinweis für die Arbeitszufriedenheit des Mitarbeitenden sein. Kein Mitarbeitender ist auf Dauer zufrieden, wenn er oder sie die Vorgaben nicht erreicht.

Die Fragen, die sich also stellen, lauten: welches System richte ich ein und wozu soll es dienen? Mit welchen Hintergedanken etabliere ich das System? Jedes hilfreiche System lässt sich höchst effizient im Team erarbeiten.

Ein wirkungsvolles System mit dessen Hilfe schnell, leicht und kraftvoll ein gemeinsames Ziel erreicht werden kann, liegt weit weg von der Art der Kontrolle, die für Mitarbeitende unangenehm ist.

Mit Kontrollfreaks arbeitete niemand gerne. Ein Höchstmaß an Kontrolle macht das Leben der Mitarbeitenden schwer und führt zu Frustration. Für viele Menschen ist es eine riesige Herausforderung, die Dinge laufen zu lassen, in dem Wissen, dass es dann anders läuft als wenn man es selbst gemacht hätte.

Die Dinge einfach geschehen zu lassen, ist die höchste Form der Kontrolle.

Finanzielle Hürden stemmen

Bei meinem letzten Einkauf beobachtete ich mehrere Frauen, die im Supermarkt die Regale einräumten und die Böden wischten. Als ich an der Kasse wartete, überlegte ich, aus welchen Gründen die Frauen dort arbeiteten. Aus welcher Motivation heraus hielten sie an diesem Job fest? Wünschen sie sich nicht, aus dem Regale einräumen herauszukommen? Einen Job mit Aufstiegsmöglichkeiten oder größerem Verdienst zu finden? Dabei meine ich das nicht wertend. Es gibt genügend Menschen, denen dieser Job Spaß macht. Allerdings bin ich mir sicher, dass mindestens ebenso viele Menschen ihre Alternativen schlicht nicht kennen oder nicht wissen, wie sie den nächsten Schritt gehen könnten. Die eine Überlegung führte zur nächsten und ich dachte darüber nach, wie ich in meiner Karriere derart voranschreiten konnte. Ich selbst hatte auch kein Vermögen zur Hand, das mir meinen Weg erleichtert hätte.

Meine Karriere war das Wunder zwischen dem, was ich mir wünschte, und den Schritten, die ich ging.

Eine Veränderung tritt nur ein, wenn mich der Wille, etwas verändern zu wollen, in Bewegung bringt. Dazu braucht es Freude an der Selbstverwirklichung. Wenn mich nichts bewegt, dann wird sich nichts verändern.

Jede Weiterentwicklung bedarf eines Mehraufwands, der dem Universum beweist, dass man bereit ist, etwas zu tun. Dieser Mehraufwand bedeutet, etwas investieren und sich anstrengen zu müssen.

Als ich mich mit 25 Jahren zum ersten Mal für den Beruf der Heilpraktikerin interessierte, gab es noch kein Internet. Dennoch wollte ich unbedingt wissen, was ich tun muss, um den Beruf auszuüben. Meine Gretchen-Frage lautete: was kann ich tun, das mich erstmal nicht viel Geld kostet, um einen Schritt weiterzukommen? Also recherchierte ich, welche Heilpraktiker es in meiner Nähe gab, entwickelte einen Fragebogen, klebte eine Schokopraline auf mein Anschreiben und schickte dieses Material per Post an etwa 20 Heilpraktiker. Natürlich antworteten nicht alle, aber doch genug, um meine brennenden Fragen beantwortet zu bekommen.

Schlussendlich stellen sich immer zwei Optionen: entweder verharren und sehen, was nicht geht oder nicht da ist, oder den Blick auf die Möglichkeiten lenken und eine Begierde in mir wecken, die meine Augen und Ohren für neue Wege öffnet. Das menschliche Gehirn ist immerhin wie eine Suchmaschine. Wenn ich im Internet nach dem Wort Zitronenkuchen suche, dann liefert mir das Internet alles, was es dazu findet. So funktioniert auch unser Gehirn und unser ganzes System. Gebe ich in mein System ein, dass ich Pferdetrainerin werden möchte, dann lese ich plötzlich alles über Pferde, das Reiten, andere Trainer, sehe Bauernhöfe, Flyer für entsprechende Ausbildungen und mein ganzes System liefert mir die Informationen, die ich auf meinem Weg zum Ziel benötige. Das ist zu einem enormen Anteil die Leistung des Unterbewusstseins.

Was immer ich als Thema vorgebe, wird von meinem System bedient.

Um dein Thema in dein System zu geben, solltest du deinem eigenen Herzenswunsch nachspüren. Welche Tätigkeit ist es, auf die du sensationelle Lust hast? Welche Motive stecken hinter deinem Berufswunsch? Bei der Beantwortung dieser Fragen kann das Geld eine enorme Rolle spielen. Viele Menschen gehen ihrem Traumberuf nicht nach, weil sie meinen, dort ließe sich kein Geld verdienen. Andere wiederum nehmen Jobs an, nur weil sie dort viel Geld verdienen. Wenn Geld dein absoluter Fokus ist, dann ist das vollkommen okay. Es gibt keine Bewertung über das, was dich antreibt. Was dein Herz zum Lachen bringt, das bringt es zum Lachen. Diesen Weg gehe ich und tue dabei die Dinge, die dafür zu tun sind. Der Ausspruch „Der oder die ist nur hinter dem Geld her“ fällt häufig im Zusammenhang mit Menschen, die auf ein größeres Einkommen abzielen. Erstens sind es jedoch die Glaubenssätze von denen, die solche Aussagen treffen.

Zweitens kann ich für meinen Teil sicher sagen, dass ich von solchen Menschen auch noch etwas lernen kann, denn für mich ist Geld nicht der stärkste Motivator. Der Punkt dahinter ist vielmehr, wie der Weg zum Wunscheinkommen gegangen wird. Bleibe ich bei meinen Werten, bleibe ich bei meiner Freude? Wenn ja, ist es legitim, denn jeder sollte das anvisieren, woran er oder sie die größte Freude hat. Das Geld allein bringt viele Menschen jedoch nicht in die Freude. Für sie ist es ein ständiger Kampf, einen Job rein des Geldes wegen auszuführen. Die Herzenswünsche werden, der scheinbaren Vernunft wegen, dann verdrängt. Allerdings finde ich es schade, wenn Tätigkeiten aus solchen Gründen nicht ausgeübt werden. Zumindest sollte der Herzenswunsch im Leben einen anderen Platz bekommen. Nicht immer muss das im Hauptberuf sein. Ich kenne Unternehmer, die hobbymäßig Pferde züchten, weil der Beruf des Pferdetrainers wesentliche Bedürfnisse nicht befriedigt hätte.

Du fragst dich nun, wie du deine eigenen Beweggründe herausfinden kannst? Nimm dir ein Zeitfenster von vier Wochen, in denen du täglich alle zwei Stunden aufschreibst, was du gerade tust. Im Laufe der Wochen hast du eine lange Liste mit all deinen Aktivitäten. Gehe diese Liste anschließend durch und schau genau hin, was dir gefällt. Streiche im nächsten Schritt an, was dir Spaß macht und dich erfüllt. Wann bist du im Flow und merkst gar nicht, wie die Zeit vergeht?

Was tut dir gut? Was fällt dir leicht? Genau diese Aspekte erleichtern dir die Karriere. Andersherum spürst du auch ganz genau, wenn dir deine Arbeit nicht mehr gut tut. Wenn du Sonntagabend schon Magenschmerzen bekommst oder nachts nicht schlafen kannst, dann sollte dir das einen Hinweis geben, dass etwas nicht passt. Vielleicht quetschst du dich in ein System, in das du eigentlich nicht hineingehörst. Auch wenn du funktionierst, kannst du von Spaß und Freude weit entfernt sein. Hinterfrage daher, welche Beweggründe hinter deiner aktuellen Situation stecken. Kennst du es nicht anders, weil du so aufgewachsen bist? Willst du anderen gefallen? Tust du es des Geldes wegen? Oder kannst du dir nicht vorstellen, dass etwas anderes möglich ist? Genau das ist das Hamsterrad, von dem so oft die Rede ist. Wenn der Job dich nicht anspricht, dann fühlt es sich nach einem Hamsterrad an. Dieser Fall kann bei Angestellten wie bei Unternehmern eintreffen. Oft braucht es einen Schicksalsschlag, großes Leid oder eine körperliche Reaktion, um das zu registrieren und um zu erkennen, dass die Möglichkeit zur Veränderung besteht.

Die Liebe zur Karriere allein bewahrt einen nicht vor finanziellen Engpässen. Aus meinem eigenen Leben und aus meinem Unternehmen kenne ich finanzielle Engpässe und weiß inzwischen recht gut, mit ihnen umzugehen. Das habe ich auch in meinem Buch „Gelassenheit macht reich“ beschrieben. An erster Stelle

steht dabei für mich, die Situation anzunehmen. Danach wird der Blick geöffnet für die noch bestehenden Möglichkeiten und all das, was jetzt noch getan werden kann. Die eigenen Gedanken im Zaum zu halten ist dafür Voraussetzung. Lasse ich mich in meine negative Gedankenspirale fallen und bade ich in meiner Verzweiflung, dann führt mich das nicht weiter.
Als wir damals unser Haus räumen mussten, nahmen wir nur das Wichtigste mit. Der Rest blieb im Haus und konnte im Zuge einer Haushaltsauflösung gekauft werden. Es kamen fremde Leute, aber auch Freunde, Nachbarn und Bekannte. Diese Situation hätte für alle Beteiligten unangenehm werden können. Doch statt mich in eine gedankliche Abwärtsspirale zu stürzen, richteten wir uns komplett auf Neubeginn aus. Dadurch, dass ich selbst keinen Schmerz mit der Situation hatte, hatten auch die anwesenden Käufer unserer restlichen Habseligkeiten keinen. In einem abgesicherten System, wie wir es in Deutschland haben, kann nahezu nichts passieren, was mir die vollständige Existenz nimmt. Daher sollten wir uns von einem falschen Stolz und uns geißelnden Gedanken verabschieden.

Im Tagesgeschäft verhaftet sein

Das Arbeitspensum ist enorm, der Berg an Arbeit wird nie weniger, die Vielzahl der Aufgaben lassen dich wie in einem Tunnel fühlen. Dein Terminkalender ist so voll, dass keine Zeit bleibt, um dich um dein Team oder deine inhaltlichen Aufgaben zu kümmern. Doch das Pflichtbewusstsein treibt dich an und du siehst keine Möglichkeit, etwas zu verändern. Gefühlt schwimmst du im Wasser mit dem Kopf unter der Oberfläche, alles ist trüb und nur mit viel Mühe und Not schaffst du es, ab und an aufzutauchen und nach Luft zu schnappen. Wenn du dich mit solchen Sätzen identifizieren kannst, dann ist das ein Hinweis darauf, dass du zu sehr in deinem Tagesgeschäft verhaftet bist.

Wie kannst du dieses Dilemma auflösen, so dass du trotzdem oder erst recht Karriere machst? Die erste Hürde ist es, den Kopf aus dem Wasser zu kriegen und durchzuatmen. Du wirst feststellen, dass die Welt nicht untergeht, wenn du eine Pause machst. Der erste große Schritt ist es, endlich wahrzunehmen, was da gerade passiert. Wenn du diese Erkenntnis hast und es schaffst, dich nicht gleich wieder von den Fluten mitreißen zu lassen, dann kannst du dich öffnen für die Frage, wie es auch anders gehen könnte.

Eine Kollegin sagte einst zu mir, dass ich eigentlich

ganz schön faul sei und diese Faulheit ihrer Meinung nach mein Antrieb wäre. Dem stimmte ich sofort zu. Ich bin derart bequem, dass ich seit 56 Jahren daran arbeite, dass mein Leben leicht verläuft.

Das Bewusstsein, dass es für alles eine Lösung gibt, ich nicht alle Aufgaben selbst erfüllen muss, „Nein“ sagen darf und selbst die Macht habe zu entscheiden, wie die Dinge laufen, katapultiert einen aus dem Hamsterrad hinaus. Wie du schon weißt, ist Ordnung ein hoher Wert bei mir. Dennoch putze ich nicht gerne. Also habe ich eine Reinigungshilfe, die regelmäßig meine Wohnung reinigt. Sie macht diesen Job besser als ich und vor allem mit Leidenschaft.

Die Frage, wie andere besser werden als ich, sollte mich also in meinem Berufsleben begleiten. Indem du zulässt, dass jemand das tut, was er besser kann als du selbst, öffnest du den Raum für Erleichterungen. In diesem Bewusstsein fällt es leicht, Aufgaben in vollkommenem Vertrauen abzugeben. Mit dieser Haltung kannst du es zulassen, dass du manche Dinge gern tust und andere nicht.

Höre auf dein Herz, spüre die Liebe und die Begeisterung oder nimm wahr, an welchem Punkt eine Grenze erreicht ist.

In diesem Zuge ist es gut, eine eigene Definition des Hamsterrads zu finden. Nur so kannst du klarstellen, ob du selbst das Gefühl hast, in einem Hamsterrad gefangen zu sein oder ob es lediglich die Wahrnehmung anderer ist. Denn wie du dein eigenes Leben führst, kann auf andere komisch wirken.

Freundinnen und Bekannte machen sich bei mir regelmäßig Gedanken, wie ich mein Arbeitspensum schaffe. Von außen betrachtet sollte ich bei der Aufgabenlast längst ausgebrannt sein. Erst neulich fragte mich eine Freundin, ob ich mir überhaupt jemals eine Auszeit gönne. Solche Nachfragen bringen mich zum Schmunzeln. Denn wenn sie einen Tag mit mir verbringen könnten, würden sie selbst sehen, wie viel Zeit ich für mich selbst aufbringen kann. Es mag sein, dass meine Auszeit anders aussieht, als sich andere das vorstellen. Wenn ich fünf Stunden im Zug von A nach B sitze, meine Podcasts höre oder ein gutes Buch lesen kann, dann ist das Quality Time nur für mich allein. Für andere mag diese Fahrt Stress bedeuten, da ich sie aus beruflichen Gründen antrat. So lebe ich aber mein Leben, es erfüllt mich und tut mir gut.

Jeder Mensch kann für sich selbst entscheiden, ob er noch ein Hobby ausführen mag oder sich in einem Ehrenamt verpflichtet. Ausschlaggebend ist, ob ich selbst mich damit wohl fühle und nicht, wie andere mein Leben wahrnehmen. Wenn ich bei mir bin, dann spüre ich sehr gut und rechtzeitig, wann eine Auszeit notwendig ist.

Ich selbst mache sehr ungern meine Steuererklärung. Für meinen Partner mache ich es aber gerne. In dem, was wir Menschen gerne oder ungerne tun, können wir höchst ambivalent sein. Auch wenn es für andere verrückt erscheint: wir selbst entscheiden, wann wir etwas machen oder wann wir genug von etwas haben.

Gehe daher in dich und überlege: was ist dein eigenes Bestreben und was ist deine eigene Wahrnehmung zu deiner derzeitigen Situation?

Motivierende Mitarbeiterführung

In unseren Köpfen sind Bilder verankert, was es bedeutet, Chef zu sein. Für viele ist ein Teil davon, auf alles eine Antwort zu kennen. Sind wir ehrlich, dann wissen wir, dass auch Führungskräfte die Weisheit nicht mit Löffeln gegessen haben. Auch sie haben Wissenslücken. Doch diese sollten nicht versteckt an die Mitarbeiter weitergegeben werden. Verschwiegene Unklarheiten werden in der Regel immer durchschaut. Die im Kopf verankerten, veralteten Chef-Allüren funktionieren nicht. Genauso wie im Privaten sich Eltern-Allüren irgendwann rächen. Dem Kind zu sagen, es kriegt nichts Süßes vor dem Essen, und sich selbst heimlich einen Schokoriegel vor dem Rostbraten einzuverleiben, das läuft nicht. Irgendwann werden wir durchschaut. Bemerke ich bei mir, dass ich dazu neige, die Karten nicht auf den Tisch zu legen, sollte ich mich selbst reflektieren.

Wenn wir es nicht schaffen, zu anderen ehrlich zu sein, dann sind wir nicht aufrichtig zu uns selbst.

Wir sollten uns vor Augen führen, dass es sich lohnt, mit Wissenslücken und Unklarheiten offen umzugehen. Indem ich mich offenbare und mein Herz öffne, hole ich die anderen ins Boot. Eine ehrliche, lösungsorientierte Haltung, aus Liebe zu demjenigen, der gerade vor mir steht, macht aus einer Führungskraft eine erfolgreiche Führungskraft. Öffne ich in Situationen, in denen ich nicht weiterweiß, mein Herz, dann hole ich das gesamte System zu Hilfe.

Eine ebensolche Grundhaltung sollte ich auch im persönlichen Umgang mit Kolleginnen und Kollegen pflegen. Immer wieder gibt es Mitarbeitende, die auf den ersten Blick nicht so richtig ins Unternehmen oder ins Team zu passen scheinen. Ich für meinen Teil finde es spannend auf Menschen zu treffen, bei denen ich Ecken und Kanten wahrnehme. Diese Ecken und Kanten fordern mich, da ich sie im Normalfall nicht auf dem Schirm habe oder sie mich aus irgendwelchen Gründen triggern. Es heißt daher, hinzuschauen, warum ich ein Problem damit habe und wie ich dieses auflösen kann. Getreu dem Motto:

„Schau nicht weg, bevor du das Gute darin gesehen hast."

Öffne ich mich für die Möglichkeit, dass diese Eigenschaften ihre Vorteile für das Unternehmen oder das Team mitbringen, dann löst dieser Perspektivwechsel die Blockaden.

Natürlich gibt es immer wieder auch Menschen, die wirklich komplett anders ticken. Diese Fälle lösen sich allerdings von selbst. Ein Mensch, der sich in einem System befindet, das nicht zu ihm passt, hält es dort nicht lange aus. Auf Dauer wird er sich selbst neu orientieren und das Unternehmen verlassen.

Letzen Endes wird es zu jeder Zeit Menschen geben, die uns etwas abverlangen. Ob in der Familie, im Freundeskreis oder im Beruf. Auch ich selbst fordere andere Menschen heraus. Die superleichte Art, mit der ich mein Leben lebe, bringt andere Menschen zum Verzweifeln. Oft wirkt diese Art bei anderen irrational oder naiv. Für mich geht es nur, wenn es leicht geht. Energie wird bei mir freigesetzt, wenn sie lebensdienlich ist. Wenn der Ärger, den viele Menschen mit sich herumtragen, in Kilowattstunden verwandelt würde, könnten Atomkraftwerke abgeschaltet werden. Diese Energie verschwende ich nicht. Manche Dinge können durch mich nicht geändert werden. Zum Beispiel eine Wirtschaftskrise. Bei manchen Menschen wirkt es, als würde es mich kalt lassen. Doch das ist es nicht. Meine Energie verwende ich lieber für Dinge, die ich bewegen kann, und ich bringe auf anderen Wegen eine heilende Energie in die Situation. Genau das triggert andere: dass ich mich gut an neue Begebenheiten anpassen kann, nicht auf verlorenem Posten stehe, mich leicht mit Dingen abfinden kann und meine Energie wieder dem Positiven zuwende. Diese Eigenschaften machen mich aus. Jeder Mensch hat seine Besonderheiten.

Vereinbarung von Karriere, Familie und Partnerschaft

Die richtige Balance zwischen dem Beruflichen und Privaten zu finden, kann eine Herausforderung sein. Die Dysbalance kann in beide Richtungen ausfallen: einerseits kann die Familie oder Partnerschaft aufgrund der Karriere vernachlässigt werden. Andererseits stellen viele Menschen die Karriere der Familie oder Partnerschaft zuliebe in den Hintergrund. Die Kommunikation wäre ein geeignetes Mittel, um diese Dysbalancen aufzulösen. Dennoch kommt sie häufig zu kurz. Kein Wunder, denn wir sind nicht gut ausgebildet darin, über unsere Gefühle, Bedürfnisse, Wünsche oder Erwartungen zu sprechen. Oftmals gehen wir von unterschiedlichen Annahmen aus und meinen, der andere würde schon wissen, was wir fühlen oder denken.

In meinem Bekanntenkreis trennte sich ein Paar. Der Mann führte ein sehr erfolgreiches Unternehmen, die Frau arbeitete darin mit und kümmerte sich um die gemeinsamen Kinder. Die Außenwirkung übernahm vollständig der Mann. Er stand im Rampenlicht, während sie sich im Hintergrund aufhielt. Diese unterschiedlichen Lebenswelten führten dazu, dass sie einander verloren haben. Seine Frau bekam immer mehr das Gefühl, nicht Teil des Ganzen zu sein. Es war, als wäre das Unternehmen nur seine Sache. Die fehlende Wertschätzung verstärkte ihre negativen Emotionen immer weiter. Da sein Blick auf den Erfolg des Unternehmens gerichtet war, bekam er die Frustration seiner Frau nicht mit. Solche Beziehungskrisen lassen sich oftmals mit einer Meditation oder einer guten Kommunikation überwinden. Im Mittelpunkt sollte eine Grundfrage stehen:

Wie bekommen wir es in unserem "System Familie" hin, dass alle maximale Verbundenheit und maximale Freiheit leben können?

Wenn über diese Frage gesprochen wird, können unterschiedliche Vorstellungen zutage treten. Dieses Dilemma kenne ich zu gut. Mit meinem Partner führe ich eine Fernbeziehung zwischen Stuttgart und Mallorca. Die räumliche Trennung an sich macht uns grundsätzlich nichts aus. Beide erkennen wir durchaus die Vorzüge. Unsere Vorstellungen gehen allerdings auseinander, wenn es um die Organisation unserer gegenseitigen Besuche geht. Lange Zeit diskutierten wir darüber, ob wir die Reisezeiträume festlegen sollten, oder eben nicht. Während ich gerne plane, liebt mein Partner Spontaneität. Doch wenn man sich liebt und kommuniziert, findet sich ein Mittelweg. So haben wir unsere Lösung gefunden.

Seid verbunden miteinander, kommuniziert und lasst geschehen, was passiert.

Durch eine gute Kommunikation gelingt es, ein liebender Vater oder eine liebende Mutter zu sein, und sich trotzdem der Karriere zu widmen. Man sollte wissen, dass Kinder viel direkter und klarer kommunizieren als Erwachsene. Zu erspüren, was sie erwarten und wie es ihnen geht, fällt also leichter als bei Erwachsenen. Allerdings fühlen Kinder auch sensibel, was bei ihren Eltern geschieht. So übertragen sich die Themen der Eltern oft in irgendeiner Form auf ihre Kinder. Wenn bei Kindern Störungen auftreten, beispielsweise in Form von Krankheiten oder einem auffälligen Verhalten, dann hat das fast immer etwas mit den Eltern zu tun. In Familien sollte eine Kultur bestehen, die jedem Familienmitglied eine größtmögliche Freiheit gewährt und dennoch bestmöglich unterstützt.

Auch wenn wir im Familienverbund leben, sind wir Individuen, die gestärkt sein wollen und in ihrer stärksten Kraft am besten, gesündesten und schönsten erblühen.

Eine Kundin hat mir neulich aus ihrer Familie berichtet. Ihr Mann und sie haben drei Kinder und erfüllten der ältesten Tochter ihren größten Traum: ein eigenes Pferd. Sie kauften ein Pferd aus einem bekannten Reitstall. Auch wenn die Tochter zunächst von diesem Tier nicht überzeugt war, setzte sich die Mutter durch. Mit dieser Entscheidung nahm das Drama seinen Lauf. Einige Monate später war das Pferd für die Tochter nicht mehr reitbar. Eine Pferdetrainerin bestätigte, dass es zu anspruchsvolle Verhaltensweisen für ihre Tochter zeigte. Im Nachhinein wurde der Mutter bewusst, dass sie auf den Impuls ihrer Tochter beim Kauf hätte hören sollen. Das Pferd wurde schließlich verkauft.

Wie sie so von ihrer Situation berichtete, baute sich in mir die Neugierde auf, wie die anderen Kinder damit umgehen, wenn für die eine Schwester solche emotionalen, aber auch finanziellen Hürden auf sich genommen werden. Die Familie hatte die Situation kommunikativ optimal gelöst. Alle standen absolut hinter der Entscheidung, der ältesten Tochter ihren Wunsch zu erfüllen. Trotz der Turbolenzen zog die gesamte Familie an einem Strang.

Allein durch unser Gespräch veränderte sich in der Kundin etwas. Zusammen schafften wir es, das „Drama Pferd" anders zu belegen. Was war das Gute an der Situation? Die Familie ist noch einmal viel enger zusammengewachsen. Es wurde mehr und intensiver miteinander gesprochen und gemeinsam wurde nach Lösungen gesucht. Dass die Situation bei allem Ärger und all der Frustration einen solchen Mehrwert für die Familie hatte, wurde der Kundin erst jetzt bewusst.

Schlussendlich kann in einer Familie alles mögliche passieren. Wenn die Kommunikation und die Offenheit für Lösungen da sind, dann werden gemeinsam die verrücktesten Dinge gestemmt.

Die geeignete Nachfolgeregelung finden

Mit dem Thema „Nachfolge“ assoziieren die meisten Menschen im ersten Moment die Nachfolge nach der Pensionierung. Stattdessen möchte ich dir einen neuen Blickwinkel darauf eröffnen. Die Nachfolge muss nicht zwangsläufig am Ende einer beruflichen Laufbahn stehen. Jeder durchläuft auf dem je individuellen Karriereweg verschiedene Stationen. In den seltensten Fällen verläuft eine Karriere linear, viel eher werden immer wieder neue Wege eingeschlagen, um dem eigenen Ziel ein Stück näher zu kommen. Somit kann die Nachfolge für jeden von uns zu jeder Zeit ein Thema sein.

Nachfolge bedeutet immer einen Weg für die Zukunft offen zu halten, egal ob ich selbst ein Unternehmen führe, eine Führungsposition erfülle oder angestellt bin. Sich Gedanken über die Nachfolge zu machen heißt, Vorbereitungen zu treffen, dass meine Stelle irgendwann durch jemand anderen ersetzt wird. Wenn ich meinen Job mit Passion ausübe, dann ist es mein größter Wunsch, dass es auch unabhängig von mir gut weitergeht.

Ein Bekannter von mir hatte seinen Job als Vertriebsleiter in einem Unternehmen gekündigt. Die Kündigungsfrist betrug ganze sechs Monate. Daher beauftragte der Chef ihn damit, einen Nachfolger für sich auszuwählen. Immerhin wisse keiner besser als er, welche Kompetenzen und Fähigkeiten der Bewerber für diese Stelle mitbringen sollte. Mein Bekannter war überrascht, denn damit hatte er nicht gerechnet. Einen Nachfolger zu finden für die eigene Stelle, die er über viele Jahre mit Herzblut erfolgreich ausgefüllt hatte, erfüllte ihn mit purer Freude. Er fühlte sich derart wertgeschätzt, dass ihm der Weggang vom Unternehmen viel schwerer fiel als erwartet.

Denken wir nun an eine vollständige Unternehmensnachfolge, so kann ich aus eigener Erfahrung berichten, dass sich ein Coach oder ein Mediator lohnt. Als mein Vater sein Unternehmen an mich übergab, war diese Nachfolge ein höchst erwünschter Schritt. Jedoch passierte etwas, womit wir nicht rechneten: es tat weh. Diese Emotionen hatten wir komplett unterschätzt.

Die Unternehmensnachfolge ist ein emotionaler Prozess. Immer wenn starke Emotionen im Spiel sind, fällt es schwer, Dinge zu tun, die aus rein objektiver Sicht erforderlich sind.

Es ist vergleichbar mit Scheidungen, bei denen Leute plötzlich Dinge tun oder Sachen sagen, die man ihnen nie zugetraut hätte. Unternehmensnachfolge bedeutet, dass etwas losgelassen werden muss, in das man über Jahre sein Herz und seine Liebe hineingesteckt hat. Auch wenn es die eigene Entscheidung war, zu gehen: am Ende tut es eben weh. Wenn es schon länger nicht mehr gepasst hat, dann fällt der Weggang leicht. Aber wenn man mit Leidenschaft dabei war und es im Grunde gut lief, dann kann Loslassen unfassbar schmerzen. In einer solchen Situation jemanden an der Seite zu haben, der hilft, den Zugang zu sich selbst zu halten, ist unbezahlbar.

Diese Erfahrung ist mit ein Grund, warum ich heute mache, was ich mache. Am Ende dieses doch recht schmerzhaften Prozesses der Unternehmensübernahme habe ich mich häufig gefragt, woran es gefehlt hat. Aus heutiger Perspektive wäre das ein Coach gewesen, der uns auf emotionaler Ebene begleitet hätte. Denn auch wenn etwas auf Verstandesebene logisch erscheint, kann es einen auf emotionaler Ebene vollkommen aus der Bahn werfen. Nur wenn eine Nachfolge in Liebe erfolgt, kann das Unternehmen auch in Liebe fortgesetzt werden.

Wie geht es nun für dich weiter?

Liebe Leserin, lieber Leser,

viele Menschen erwarten möglicherweise den einen ultimativen Karrieretipp, der ihnen hilft, problemlos und leicht erfolgreich zu werden. Diesen gibt es aber nicht. Es ist immer ein ganz individueller Prozess. Auf diesem Weg bist du bereits jetzt schon ein großes Stück gegangen. Schließlich hast du Zeit und Geld in dieses Buch investiert. Glaube mir: alleine das bewirkt schon einiges.

Du weißt nun, warum eine Karriere viel leichter funktioniert, wenn sie auf dem Fundament der Liebe gebaut ist. Ebenso kennst du mein gesamtes Lebenskonzept und weißt, wie mir der Weg des Erfolges gelungen ist. Alles trägt den Ursprung in den eigenen Gedanken und Gefühlen. Denn daraus entsteht deine Haltung zum Leben.

Mit meinem 10-Schritte-System hast du eine glasklare Anleitung, die dir hilft, es mir einfach nachzumachen. Darüber hinaus kennst du nun auch die Lösungen für die gängigsten Probleme auf einem Karriereweg. Es ist so simpel und leicht.

Erfolg entsteht jenseits der Fachkompetenz.

Mit ganz viel Liebe für deinen Karriereweg

Heike Wolfangel

**Liebe macht nicht nur Karriere.
Liebe macht auch Erfolg jenseits
der Fachkompetenz.**

Danksagung

Es liegen Welten zwischen dem, was ein Mensch im Herz, im Sinn und in der Seele trägt und dem, was er als Buch auf gedruckte Seiten zu bringen vermag. Ich konnte diesen Weg erfolgreich gehen dank wundervollen Menschen und hervorragenden Experten an meiner Seite. Die Autorin wird auf dem Cover genannt und steht im Vordergrund und doch ist es ein Zusammenspiel vieler Beteiligten, die eine Idee zu einem Buch macht.

Was will ich denn sagen? Wem möchte ich das sagen? Und wie will ich das tun? Sortierte Inhalte, berührende Episoden, offene Worte und erfrischende Botschaften finden ihren Weg in eine genussvolle Form, wenn wirklich alle Beteiligten ihr Herz öffnen, ihre Kompetenzen in die Waagschale legen und große Freude an dem haben, was sie da tun.

So geschehen bei diesem Buch – und ich liebe es! Wieder habe ich mit dem Team von KEYBOOKS zusammengearbeitet und kann mir kein besseres für meine Arbeit als Autorin wünschen, denn ich habe es bereits – Danke! Danke insbesondere Dir, lieber Robert D. Hülsmeyer, dass Du an meiner Seite bist. Mit Deinem Gespür für mich, für meine Gedanken und meine Empfindungen bist Du der perfekte Teampartner genau das in magischer Verbundenheit in ein Buch zu verwandeln – Danke! Herzlichen Dank an

Dich, lieber Robert, und Dein gesamtes Team, dass Lektorat, Korrektorat, Satz, Bilder, Cover und Technik für mich auf höchstem Niveau erledigen.

Mein inniger Dank geht an meine Liebsten, die mir die Zeit schenken zu schreiben, die mir ihr Ohr schenken darüber zu sprechen, die mir ihre Ruhe schenken, wenn ich es dringend benötige, die mir ihre Fragen schenken, weil sie genau wissen, dass ich noch mehr dazu zu sagen habe, als schon da war. Ich danke euch genau dafür und noch für so viel mehr, liebster Thomas, liebster David, geliebte Mami und liebste Danny – ich liebe euch und habe durch euch ein mit Liebe erfülltes Leben.

Und nun? Ihr ahnt es sicher schon…

Macht euch nun alle bereit, denn das nächste Buch erwacht… ich kann es schon spüren!

Danke!

Ergänzende Literatur

Gelassenheit macht reich: 2022; Herausgeber: Wolfangel Academy; Autorin: Heike Wolfangel

Wie wir denken, so leben wir: As A Man Thinketh - 27. März 2019 Herausgeber: Günter W. Kienitz Autor: James Allen

Goethe für Manager: Wie Sie einfach genial Arbeit und Leben meistern - 22. September 2009 - Stefan Küthe und Monika Schuch – Linde Verlag

Traumreisende: 1. Dezember 2000 - Marlo Morgan - Goldmann Verlag

Haftungsausschluss

Die Autorin übernimmt keinerlei Gewähr für die Aktualität, Korrektheit, Vollständigkeit oder Qualität der bereitgestellten Informationen und weiteren Informationen. Haftungsansprüche gegen die Autorin, welche sich auf Schäden materieller oder ideeller Art beziehen, die durch die Nutzung oder Nichtnutzung der dargebotenen Informationen bzw. durch die Nutzung fehlerhafter und unvollständiger Informationen verursacht wurden, sind grundsätzlich ausgeschlossen, sofern seitens der Autorin kein nachweislich vorsätzliches oder grob fahrlässiges Verschulden vorliegt. Der Inhalt des Buches passt möglicherweise nicht zu jedem Leser und die Umsetzung erfolgt ausdrücklich auf eigenes Risiko. Es gibt keine Garantie dafür, dass alles genau so, bei jedem Leser, zu genau den gleichen Ergebnissen führt. Die Autorin kann für etwaige Schäden jedweder Art aus keinem Rechtsgrund eine Haftung übernehmen. Die Autorin hat bei der Erstellung dieses Buches sämtliche Informationen und Ratschläge mit Sorgfalt recherchiert und geprüft. Dennoch erfolgen alle Angaben ohne Gewähr. Verlag und Autorin übernehmen keine Haftung für Schäden oder Nachteile, die sich aus der Umsetzung der in diesem Buch dargestellten Inhalte ergeben. Der Leser erkennt dies an. Sollten Sie unter Erkrankungen leiden oder sich unsicher sein, ob die Informationen und Techniken aus diesem Buch auch für Sie geeignet sind, dann suchen Sie vorab bitte unbedingt einen erfahrenen Arzt oder Heilpraktiker auf.

Urheberrecht

Alle Inhalte dieses Werkes sowie Informationen, Strategien und Tipps sind urheberrechtlich geschützt. Alle Rechte sind vorbehalten. Jeglicher Nachdruck oder jegliche Reproduktion – auch nur auszugsweise – in irgendeiner Form wie Fotokopie oder ähnlichen Verfahren, Einspeicherung, Verarbeitung, Vervielfältigung und Verbreitung mithilfe von elektronischen Systemen jeglicher Art (gesamt oder nur auszugsweise) ist ohne ausdrückliche schriftliche Genehmigung der Autorin strengstens untersagt. Alle Übersetzungsrechte vorbehalten. Die Inhalte dürfen keinesfalls veröffentlicht werden. Bei Missachtung behält sich die Autorin rechtliche Schritte vor.

Impressum

Wolfangel Academy
Heike Wolfangel
Ulmenstr. 5
71229 Leonberg
www.wolfangel-academy.de

Kontakt für Fragen zum Buch, Inhalt oder Download des Audioprogramms: heike@wolfangel-academy.de

1. Auflage 2023

ISBN Nr. Taschenbuch: 978-3-9824570-2-4
ISBN Nr. Gebundene Ausgabe: 978-3-9824570-3-1

Alle Rechte vorbehalten Nachdruck, auch auszugsweise, verboten. Kein Teil dieses Werks darf ohne schriftliche Erlaubnis des Autors in irgendeiner Form reproduziert, vervielfältigt oder verbreitet werden

Konzept, Buchsatz und Covergestaltung:
Keybooks – Robert Dominic Hülsmeyer
www.keybooks.de

Fotos:
Keybooks – Robert Dominic Hülsmeyer
Envato Elements - www.elements.envato.com

Weitere Buchempfehlung

Jetzt ansehen auf amazon.de

https://www.amazon.de/gp/product/B09YYX6QC3

Printed in Poland
by Amazon Fulfillment
Poland Sp. z o.o., Wrocław

26469195R00118